遥かなる日本人の習い

奥村　猛

文芸社

はじめに

国連の人口統計（99年）によると、世界各国の平均寿命は男女とも日本が最大の長寿国になっている。この数字自体は日本の医療水準、栄養、衛生といった生命の維持に関係すると思われる各要素が素晴らしく機能した結果だと思われるのでおめでたいことに違いない。

しかし、未だリタイア後の楽しみの最たるものが海外見聞、音楽、絵画を含めた西洋文化の鑑賞に人気が集中しているのは、日本人の生き方の全てを凝縮しているようでもの悲しい。文化の交流は望ましいことだが、いつまでも吸収だけのテークオンリーの人生を送るのではなしに、自分たる人間の根幹を作っている日本の文化なり、日本人の心の有り様、更には自分自身が今日まで過ごしてきた価値の基準について、世界の人に胸を張って主張ができ、畏敬の念を抱かせないまでもなるほどと思わせるような、結果として交流した人の今後の生き方に影響を与える言動を一人一人が双方向で行うことが、世界市民としてこれからの日本人の生き方に大事なのではないか。

欧米、南米、アフリカ、オセアニア、アジアを含めたその国が大切に育ててきたものを、ただ見聞し食するだけの生活をいつまでも続けるのではなく、たとえ一隅の住処で過ごそうとも、内外を問わず自分以外の人に熱い情熱を以って語りかけ得る何かをどれだけ持っているか、今ほど問われているときはあるまい。

大志の実現に向けどの基準で進退を決めるのかは、その人の価値観も絡み微妙な問題で明瞭な線引きは難しい。「幸運」に恵まれず、一時の夢に消える運命にあるかも知れないが、なりたいと思い続ける期間は長いほうがよい。たとえ、結果として目指す為事ができなくとも、夢の実現に向けて努力し充実した時期が確実にあったことからくる収穫は無駄ではあるまい。将来の不確実性を避ける意識の程度は、国によって差はあるようだが、元来、目標、夢、希望、挑戦にはマイナスのイメージはない。「成功」「失敗」の物理的な差ばかりに目が行くのでなく、実現のためのプロセスの中で何を感じ何を学んだかが大切で、結果だけで意味がなかったと断じることはないはずだ。

チャレンジなくして得られることもないし、チャレンジすれば必ず成功が約束されることでもない。継続することも断念することも厳しい選択であることに違いない。自らの意思で行うしか納得を得る方法はない。ベストを尽くしたと自分が得心できるほどの努力をしたと自覚するならば、そのことは十分、語りに値する価値ではないかと思う。

今後はますます、組織の中でうまくやることだけでなく好きなテーマを追究する姿勢が求められる。時代の抗し難い流れの中で、所属する組織が消滅する悪夢もなしとしない。個人の矜持に値する生き方が問われる思いがする。

この本は、崖っ縁の日本経済の中で各界の中核として働く若手ミドルの特に、人生の折り返し点がきていないと自覚する人に、元気が出るよう書いたものである。

本書の構成については、第一章で日本社会の持つ集団的性格、第二章では現在の社会の問題点を整理した後、第三章で本書の主たる目的である個人の自律に大きく影響すると思われる組織社会の現状、特に能力主義の上滑り性、第四章では多彩な人材が織りなす働く環境としての職場の重要性を認めたうえでの組織開発に果たす人材開発スタッフの役割を、第五章では個の自立として自信回復を求める内容を意図した。全編を通じるものは主体的でアサーティブな個人の生き方のすすめである。十分意を尽くせていないところがあるとすれば、偏に筆者の表現力のせいであり、お詫びして次回に期したいと思う。

最後に、本書執筆の動機になったアメリカでの研修、あるいは執筆中に励ましと協力を得た家族に対し、心からの感謝の気持ちを記したいと思う。

二〇〇二年一月

奥村　猛

遥かなる日本人の習い

目次

第四章　儲かる会社の起因　97

第一章　依存の民の底流

1. 日本人の後影

出る杭を打つ

仲間内の足の引っ張り合いは見苦しい姿に違いないが、抜きん出ようとする人は、この軋轢から逃れることができないことを知る必要がある。妬みの感情は、性別、年齢を問わず、今も昔も至るところで発生する。出る杭として打たれる対象にされるのは、仲間内の縦の連鎖とも言うべき序列に変化が生ずることを嫌うことによると思われる。これがいやで悩んだり、言われなき被害を受けた経験のある人も多いはずだが、このことの解決策は次の二点しかないのではないか。一つは、打てなくなる高さまで一気に出てしまうこと。他の一つは、これこそが人の世の習いと思い、自分の意志でこのプロセスを楽しむ余裕を持つことだ。他人の尺度で自己の志を捨てることは、何事にも変えがたい過ちとなる。仲間がかなりの距離感を実感してくれれば、逆に仲間から尊敬の念を得ることもなしとはしない。

世の中のあらゆる目標がオーバーナイトの思いつきで達成されると信じる人が多いわけでもなく、その人がそこに至るプロセスで費やしたであろう情熱の多さに思いを馳せるとき、人は自分の中に存在しない精神の崇高さに気がつき、昔の仲間であったことを誇りに思い応援に変わることも多く経験する。

　志があれば途中で止めるなと強調するほかはない。頭抜けてしまえば間違いなく、見える景色が変わって、今まで見えなかったものが明瞭に見えてくることが多いものだ。このことも人が目指すべき目標の一つではないかと思う。よしんば、残念なことにウイニングゴールが得られなくとも、目標の達成に向けて頑張った日々は無駄ではあるまい。人が純粋に目標を持って一心不乱に努力してきたことが、未達成で消滅すると考えるのは所詮は他人の尺度と言える。涙を流すほどの努力があれば、努力の仕方なり、計画のまとめ方なり、人との交わりの中で得たものは多かったはずだ。その経験は必ず訪れる次のチャンスに生きてくるものだ。

　無為は最悪の選択で、腐る杭のたとえどおり、そのことで現状維持が保証されるわけでなく、慨嘆から脱することが難しくなることを危惧しなければならない。未来が今以上に明るいと信ずることは大切なことだが、自分の力で切り開く覚悟なくして、せっかくの美味を味わえる味覚が育ちはしまい。

　人の気質は一人一人異なるというのが私の考え方なので、「普通」「特殊」の区別は意味がないとする立場だが、敢えて乱暴に日本人を括ると、やはり相当に特殊な行動を行う国民であることが少し海外に出るといやでも実感させられる。昨年、ＵＣＢのエクステンションで学ぶ機会があったが、国際色豊かなクラスで、会社員として過ごした時代と異なる、実に様々な経験をした。そのときの体験として、日本人留学生の行動スタイルには考えさせられることが多々あった。

嫌われることを無意識に避けるのか内気を美徳とするのか、英語の表現力の差では決してなく、自分の意見は公衆の面前では述べず仲間内での会話を得意とする、自分自身に関心があるばかりで日本という国に興味も知識も持たない多くの留学生に巡り合った。日本人の一人として、バブル後の不況から抜け出せず、なお苦しんでいるとは言え、世界第二位のGDP、海外援助額第一位、国連負担金第二位などの指標は、見事なまでに経済一本槍で突き進んできた過去の日本の実態を示すものと思い知らされた。

その功績は本来、国民一人一人の知恵と努力であるはずなのだが、皮肉なことに最近批判の多い中央官僚と歴代の自民党の政策、更に言えば敗戦後この国の体系のファンダメンタルを作ったGHQの賜物であろうとさえ思わざるを得なかった。このことの裏返しとして、個人の権利意識ばかり過剰に発達した、生活に困らないインバランスな日本人になってしまったのかどうか。

企業派遣の学生は、順番に発表する自分の姿を週一度の報告書に使うデジカメに取り込むことばかり熱心であったが、忠実に吸収、報告することが優秀な学生と信じ切っているようであったし、別の学生は日記と称してクラスの仲間の言動を逐一担当のインストラクターに提出していたが、少数の例外者を除いて、アメリカに憧れている日本を忘れた国籍不明のような男女を多く目撃した。このことは、日本人のアイデンティティーを持つ一人として大変ショッキングで腹立たしく、大声で「それは違う」と叫びたい思いがした。

学生とはテキストを忠実に覚えることと条件反射し、自らの意思で考え抜く様子を見せる学生の少なさは、他の国の人との比較の中では明らかに異様に映る。日本人の和洋折衷、多神教のごちゃまぜの「まあいいじゃないか」思考を得意とする民であることを承知のうえで、敢えて言えば、日本の国益の主体者たる日本人一人一人が、国を愛する考え方を持たなくては未来に続く幸せを保障するものが生まれてこない気がする。

どこへ行くのか

日本人の多くが権威の象徴としての「源平藤橘」に我が祖先を求めることを好むのかどうか、時折新聞に、何か特別な上等の意味を込めて「毛並み」という言葉を未だ使う記者がいることは興味深い。ビジネス上の権威づけの例では、イベントの主催、共催に中央官庁の名前を前面に使用することに始まり、肩書の多用、権力者の名前を借りた説得の方法などは今もあらゆる場面での常套手段だし、一般の生活でも一族の有名人、親戚、それもいなければ出身校、出身地、持ち物、何でもありの係累を求めて、そこに連なる自分というように表現したがる習性はどうしたものか。ブランド品好きも多分、この延長線上に繋がるのであろう。

有名な小話にある、究極の説得例としての、難破船に乗り合わせた乗客へ避難のための最高の説得方法は、ドイツ人であればキャプテンの命令、イタリア人であれば違法であること、アメリカ人であれば保険に加入されていて、さらに有能な弁護士がバックアップすること、日本人の場合は皆さん一緒に飛び降りますという説明である、というのは何度聞いても秀逸にできていると思う。米国での経験で、クラスでのクイズになると担当教師の目を盗んでチーティングをしたがるイタリア人がいたが、これもルールを破ることに喜びを感じるという国民性なのかと思ったりもした。イタリア人の名誉のために、全員が同じとは思えないが、不思議な一致で苦笑を禁じ得なかった。

日本人の「皆さん一緒主義」は、ブランドを買い漁るだけでなく、例えば某社が成果主義を導入すると、隣に負けまい主義で業種、業態、組織風土、規模に関係なく導入し、成功すれば良し、成功しなくとも、他所と同じだからと自分を納得させる考え方は、価値判断の基準を皆一緒に置くやり方が骨の髄まで染みているのであろう。同様に、個人としての意見も、大新聞の論調を無意識にインプットされることからくる影響が非常に大きいと思われる。大新聞の意見、主張を追認することの効果は同質性の向上に益するが、自分の責任で主体的にものを考える力が育たないのではないだろうか。

皆と同じが安らぎを感じる価値よりも、他の人と違う発想ができることに誇りが持てる社会に、より価値があると考えたほうがよいのではないか。そうなれば、権威好きで横並び発想の国民性が少しずつ変わっていくことが期待できると思う。

勤勉で礼儀正しく、且つ質素で慎ましい姿を日本人のイメージとダブらせた人も一昔前ならあり得たと思う。もしそのような残像が少しでもあるのなら、そうであって欲しいが、現実は確実に異なってきているのであろう。物事は表裏一体で、そのことのプラス面もあるだろうが、むしろマイナス面が急速に進み日本人の体質を悪化させていると思う材料に事欠かない。過ぎ去った時代が最高のレベルであったと悔しさを感じる場面があってはならない。

自分の都合

最近は「改革」が流行語で、改革こそが明るい未来を万人に提供する究極の特効薬のイメージで受け止められている。改革が今以上の希望を持てる社会を作り出すかどうかはさておき、現状が希望の持てない閉塞感の中で生きているのであれば改革を求めるのは論理として当然の帰結だと思うが、現実はもっと屈折しているように思われる。

現在の変革とは、はっきり言えば、自分が現在並みあるいは今以上の生活レベルを確保したいが故の変革を他人に求めているのではないかと思える面がある。民間企業で組織風土の変革の推進を担当した経験も踏まえて言うと、自らの馴れ親しんだパラダイムなり行動様式を自ら変革したいと思う人はいないと断言してよい。よほどの修学者かデカダンくずれの人以外、人の行動としては気が進むことではない。

組織も社会の構造も長期化すると、共同体として内部保全のための思惑が優先し不効率化するので、進歩のためには変革こそがサバイバルの処方箋と頭では理解はできるのだが、その場合も、本音は自分を除いて変わって欲しいと思うのが自然だ。

自分のために、周囲が変わって欲しいというと言いすぎに聞こえるが、そうでないと考える人に出会うことは今迄のところ希だ。もとより、痛みが共通して降りかかることは社会の仕組みからいって有り得ないので、犠牲を集中して受けると思われる人たちが確実に存在するにもかかわらず、自分が該当者かも知れないと思っている人は多分少ないと思われる。そうでなければ、「聖域なき構造改革」の公約に、いくら依存心が強くとも八〇パーセントを超える人が賛成するとは考え難い。改革の公約に反対の人が、そのことを主張する政党リーダーを支持するというのは、ほとんど自己都合だけの利那発想か、厭世現象のように思えるが、これも時代を映す鏡なのであろう。

日本の三名園として名高い、水戸の偕楽園、金沢の兼六園、岡山の後楽園には共通して、全体としてのバランスとレイアウトの巧みさが訪れる人の心を捉える。樹木、池、石、橋、小川、建造物、借景と組み合せの素材は同じながら、他の公園とは異なる魅力を持ち続けるには、相当の構成力を必要とするのは素人でも容易に分かる。そうでないと、全体が散漫になり、統一された特徴が出ないのであろう。一つひとつの素材は全体のために存在しているのだろうが、全体の美しさによって一つひとつの存在が生かされることに繋がっている。日本の公園の美観は、美の視点が歩いて眺める人の高さにあるように思えてならない。樹葉を眺めるためには見上げる視線で、樹木の配置の妙と落陽の影が楽しめる芸の細かさは日本式公園ならではの趣に満ちている。

一方、上空から見るレイアウトの壮大さは外国の公園に多い。鳥瞰、客観の民族性かも知れないが、全体の美へのこだわりは、残念ながら日本には欠けている気がしてならない。

地方都市の駅前の風景は、なぜにこうまで類型化してしまったのか。駅前のバスの発着場を中心に飲食用の雑居ビル、コンビニ、駐車場やチェーンストアの店舗と、猥雑で、自分だけの理由の建築になっているものが多い。特に、東海道新幹線の走る沿線は段々と類型化し、地方色のない品格のない造りと、周囲の街並みと調和していない豪華な市民文化会館のコントラストが町のシンボルでは、自分だけの理由が優先しすぎている思いがする。一軒一軒のファサードを飾るだけでは、全体として人を惹きつける魅力に欠ける。

自分だけの都合で全体を考えない国民性なのかどうか、自分だけの利益に忠実に行動すると、全体としてマイナスの結果を引き起こすという意味において、合成の誤謬の教訓の一つと言えるだろう。

歴史の教科書

相も変わらずと言うべきだが、日本のアジアでの行いについて述べた一社の歴史教科書の内容に関して、中国、韓国が激しく抗議していると一部のメディアは連日紙面を割いていた。八社中一社の記述内容が、自らの歴史認識と異なるといって抗議する国も外交マナーを欠いていると思うが、一般の目に触れる前の原稿段階で中韓両国に内容を伝え、反発を強いることがあれば、メディアの態度も卑屈そのものではないかと、私には思える。

自らの主義主張を、外圧という方式で、あたかも国内世論のように国民に伝える巧妙なやり口が今も繰り返されるのが、日本人の培ってきた得意技の一つでは、正直歯がゆい思いがする。情報の比較的発達した現在でさえ、江戸期以降の国家の置かれた状況、東南アジアでの行動、国内世論について、精確な情報を持ち分析できる人は、限られた一部の研究者を除いてそう多くはあるまいに。

感情的にならずに政治的思惑を超えて、ラッショナルな総括議論は望ましいことではあるが、議論の前に一方に与する考え方の強要はとても理性的とは言い難い。日本人であることの誇りさえ失わせしめるような論説を主張し続けることのほうが、よほど国益を損ねているのではないか。日本という国があってこそのグローバリゼーションで、依って立つ基盤のない、唯々諾々を良しとする教えは自律の考え方もない「宿借り思想」と相通ずるのではないだろうか。

中韓の国家戦略にすり寄ることを主張する人は、自らの態度を「平和」「協調」といった美しい言葉に飾らず、明確に直截に、親中韓こそが国益に合致すると主張して欲しい。

将来に向けた、日本の若者の流浪化を防ぐために、国の存続を基本にした議論が大切で、アポロジーを続けることで理解が得られると思うのは本人の自由だが、相手がどう思うか相手次第で、虫の良い幻想で終わる危険が付きまとう。

2.　改めるべきもの

自然の浄化作用

季節の巡りは創造主の贈り物で永遠であって欲しいと思う。関東南部では四月の上旬になると新芽が吹き出す。前の年の秋に落葉して以来数か月、外部には何の変化も見せないが、確実に新春になると芽を出す樹木の営みは人の連綿を思い出させ、人間の営みもまた、転生であることを信じさせる。

平野の少ない地形からくる丘陵、林に住んだ民族である日本人は、周囲の樹木の移り変わりを通じて自然に輪廻転生の概念を芽生えさせ、発展させたのではないか。さらに周囲が海岸であることの地理的な好条件により、偉大なる天然の浄化機能にも恵まれていたことになる。水洗とは、河に通じ海に至ることによって、文字どおり浄化の機能と一件落着の両方の意味となり得た。

一方で人智の及ばざる自然の美しさを実感させ、万物を崇める態度と自然災害の恐ろしさから、個人でなく、団体で行動することでしか生き延びることはできないという考えを染み込ませていったに違いない。

永住型の民族にとって、自然が定型的に繰り返される限り、頼りになるのは昔はどうだったという先例を熟知している長老であり、自然発生的に長老支配の仕組みができていったと考えることも可能である。これに反し、欧米型は新しい異なる環境で適時適切な判断ができるリーダーに託すことが、自らの生命を維持する決め手となっていったと思われる。唯一絶対のゴッドを信ずる身であれば、生あるものが死する肉体の滅びは一巻の終わりを意味する。未来は常にバラ色で、あらゆる問題が霧散して、明るく良い時代が必ず巡りくると期待する精神構造は幼くはあるが、どこか純粋で、日本人にとって価値ある好ましい考え方であるのであろう。

せっかく、育んだ日本人のノーションを今後も維持するためには、目に余る我欲を抑える新しい意味の公徳が絶対に必要なのは言うまでもない。

税金は多く払え

高額のゴルフ場の会員権の名義人と所有権者は異なると強弁して、一般市民の理解を超える説明で税金を逃れていた政府高官が報道されたが、法律の解釈はともかく、税金逃れと見られる図は影響力が大きいだけに邪悪の最たるモデルであろう。徴税を担当した国税局の定年退職者が税理士として民間会社の顧問に就任する慣例があるが、何に対する顧問なのか、現役時の職業意識を一八〇度変えているとすれば、仕事の誇りはどこへ行ったのか疑問に思う。拝金主義の風潮は社会の姿として成熟がすぎたのかどうか。民間が担うには馴染まない安全、防衛、外交、教育、福祉を国民の立場で、効果効率的に区処する機関を税金で賄うべきことは近代国家の基本として当然の仕組みだと思う。そうであるならば、税金を払う立場にある人がいかに払わないで済むかと努力するより、税金の使われ方に関心を持つほうが大事な考え方ではないか。

国から受ける便益が一生涯の納税額より大きければ、誰かに負担をしてもらっているわけで恥ずかしいと思う気持ちが大切だと私は思う。脱税は駄目だが節税は大事だとする考え方は法律制定上の意図を勘案するより、本質的に払いたくないという気持ちが前に出すぎているようで情けない気がする。

自分の生活する基盤を国に委ねている以上は、日本国民の一人として法律に基づき払うべき税金は進んで払う姿勢、考え方が必要になる。このとき、少ない税額より多額のほうが国家国民への貢献度が高くなるわけで、自己の幸運に謝する清々しい気持ちが得られるのではないか。そのためには、税金のタレ流しと言われている特法、特定業界・団体に向けた前例踏襲の政策、更には不効率、共同体化、公金横領の類は絶対に許さないという意識を国民が育て、「仕方がない」を払拭する意識改革が切に求められる。節税の限りを尽くして、後は知らぬ存ぜぬの態度より、払って後、使途は厳格にチェックする考え方のほうが社会のシステムとして成熟度が高いはずだ。

年度末需要と称される、期末の予算使い切りの習慣が生き残っているのも、さもしい風習だ。行政改革が果たせぬまま、本来、不良債権処理であったものが構造改革という受けの良い言葉に変わってしまったが、過去にこれだけ税金の無駄遣いを行いましたという当時の責任者の総括もなしに、行政改革なのか構造改革なのか焦点も定まらない中で、アメリカモデルのＩＴに頼り切る経済再生のプアーアイディアではなく、日本の国情、日本人の心情、体質に合わせたトータルな構造改革論議の存在が不可欠であり、国民の生活に大きく影響するにもかかわらず将来を見据えた本格的な議論が少ないのは大きな欠陥である。

構造改革と殿様の火の用心のように表題を連呼するだけでは、国民のオポチュニズムに期待するだけで、一時的な迂回路を作るにすぎず、当初の狙いではなかったはずの低所得者層が痛みを感じる劣悪な社会が確実に訪れる可能性が大きくなるばかりだ。

集団思考の囚われ

「皆一緒」という国民的価値観の功罪を整理するのは簡単ではない。格差の少ない所得と、皆同じ考えを持つということに圧倒的価値観を置くことで安らぎを得る総中流意識は、社会生活の格差増大がもたらす劣悪さを避け得た意味と、日本人の無意識なる安定剤という点から見ると功の最たるものなのであろう。一方、罪のほうは異質なるものの排除、出る杭たたき現象が体質化し、横並び、既得権擁護のオンパレードが社会の知恵として定着していることではないか。

他の人の振りを見てわが身を振り返ることは勿論大事だが、それしか選択肢がないと、幼児はともかく、自己の磨き方についての主体性が育たない。同業者が手を組むことによる既得意識が染みついた身近な例としては、新聞社の休刊日があると思う。日頃は社会の木鐸意識で高説を述べているにもかかわらず、この購読者に迷惑をかける愚行は、幾分変化の兆しはあるようだが内部要因からの改革は難しいのではないか。外部環境の変化として、現在の宅配システムに代わる定点売りとグローバルなＷｅｂ発信が一定のシェアを持てば、広告収入との兼ね合いから新聞の休刊日は自然に消えていくのではないか。

バウンダリレスの時代とは、外国人の考えた文化、価値、町並み、建造物に憧れるだけのワンウエイの繰り返しでなく、また彼等が育てた芸術の世界で上位入賞を目指すだけでなく、日本的なるものの価値の中に他の国の人が入賞を目指しファイトを燃やす対象を育てることが求められる。リタイア後に海外旅行を楽しむのは決して悪いことではないが、外国人が連綿と大切に保存、維持してきた歴史的な建造物なり文化の物見ツアーで喜ぶだけでなく、自分たちの大切にしてきたものを、彼等の評価に耐え得るレベルで情報発信することのほうがもっと大切な時代になってきていると思う。集団思考で外向きの発想を持たず、議論を避け、もめごとを嫌う、「様子見」文化が根本的に価値を失いつつあることへの気づきが遅いことを恐れる。

第二次世界大戦後の日本的なる経済成長を成功させた考え方だけで、今の生活レベルの維持は恐らくできまい。六六〇兆円の国民負債だけが、直接的に国民生活を破綻させる要因でなく、多分に、今に生きる日本人の精神構造を改めないと前途が明るくならない。

是非に溺れるな

学生時代の理解度テストの後遺症かどうか不明だが、正しい正しくないの議論を延々と行うことほど無為な時間の過ごし方はない。当事者にとっては切実なのだろうけれど、冷静に客観的に見ると、感情的になっているか、そうでなければ、単に自分の立場、権益の擁護を主張しているにすぎないことが見て取れて気持ちが萎えることがある。あからさまに、自己の利益拡大と言えば分かりやすいものを、周囲の反発を恐れて、善人風に正誤へのすり替えを行っているのが実態ではないだろうか。

ビジネスの世界では結果をいかに出すかが全てである。目標達成を図ることが唯一の基準で、正しい正しくないという基準尺度は、状況の変化、メンバーの熟練度、資質に応じ対応しなければならないことで、今日の正解は明日の誤りになることも覚悟しなければならない。顧客の欲するものを自組織のリソースを考えながら、スピーディーに軌道に乗せていくことがミッションだが、そのときの価値判断の尺度は目標を達成するための組織行動との合致度となる。是非に拘泥する価値は目標の達成に向けたものでしかない。そのことにより、自説の論争でなく、合目的的な方法論に集中することができる。

リーダーであれば、メンバーに熱く語りかける情熱こそが求められるものの第一だ。目標の設定を終えたら、方法について初めから限定せず、良い悪いの議論でなく、考えられる限りの可能性の長短を分析することが基本で、後はコンテインジェンシープランを考案しておけばよい。入り口のところで、厳格にルートを決めたり、自分の得意な方法にこだわることは自己の都合を優先させているだけで、メンバーと組織の双方向に悪い影響を与える。リーダー像の誤解があるにしても組織に益することのない論争は避けなければならない。

3. 思潮の感触

刺激を感じさせるもの

どんな組織でも組織の中で生真面目のレッテルが付いてしまうと、リーダーのタイプによっては本人の貢献度とは逆に放っておかれる可能性もなしとは言えない。善人ぶるというのではなくとも、結果として行動に意外感がなく、読めてしまう人は、現状維持の清き一票分とはなるが、独創性が求められる現在の競争社会での激動、革新の流れの中では退屈な人間として映りかねない。

ルールを破ることに意義ありとは思われないので、この辺りの呼吸は難しいが、決め事を守ることを唯一の信条とせず、目的から遡って決められたルールの目的を考え、外部、内部の動きの中で意味が薄れてきたと認識したならば積極的に制度、規定の変更なり新しい方向に向けた改善案を提案できる人材のほうがよほど望ましいことに違いない。利益を稼ぐにはある範囲の自由度が求められることも事実だ。部門によっては規則、規定の厳守をミッションとしている人たちも必要と思うが、品質、安全、衛生といった変えざるべき根幹部分でもない自分の存在価値のために、ルールの墨守を主張する人は見苦しいばかりだ。

どんなセクションでも顧客の意識を持たない思考の固い人は、組織のマイナスに働く場合が多い。刑事事件の対象となるような人は一身を以って償うのは当然だが、常にマスコミを賑わす民事がらみの事件は倫理、人格的な面を別にすれば、騙す人のグループにいる人たちのほうが騙される人たちよりは、悪いという形容詞は付くにしてもアイディアが豊富に湧いているように思えることもある。その意味では、悪事の真似をする人は二重の意味で最低の人格と言える。善人は咎めるべき対象ではないが、かといって目指すべき目標と言い切れない面が人間社会には存在することも知っていたほうがよいと思う。疑いを知らない人がマジョリティを形成すると、必ず巨悪が顔を出し社会は陰湿化し沈滞する思いがする。人はどのように動くのかというテーマを学ばない単なる真面目さだけでは、社会のシステムをデザインする側には到底入り得ないと思うことが多い。

処世の道を説く、洪応明、マキャベリ、クラウゼビッツのような著名人に共通する考え方は、一面的な見方でなく冷徹でアンビバレントな思考だと思う。時たま新聞紙上で見る、自動駅務機、ATM、ベンダーマシンその他の類で不正操作を想定していなかったという事故に際しての製作側のコメントは、コストの言い訳かそうでなければ想像力を欠いた単なるイノセントを証明するものであろう。真面目がセールスポイントでは、人の住む社会を発展させる建設的な仕組み作りの中核にはなれない面が社会にはあるのではないか。

昔、見かけたテレビ中継の国会審議の場で、今はないが、繰り返される政府高官の答弁は表面的には善良な人というイメージを装ってはいるが、そこにはボロを出さず言葉尻を取られないように周到に計算され尽くした建前の答弁という姿が透けて見えた。用意周到な人が純真さを演じると、退屈で居眠りを誘うだけである。

ある国の漁師の話

アメリカでの研修中に手にした、ディベート資料に含まれていたメキシコ人漁師の話は、簡潔なストーリーの中にも、人生の転生を考えさせる名作に仕上がっていて心を奪われた記憶がある。

その小話は、売り出し中のコンサルタントがメキシコ旅行中に一人の鮪を獲る漁師に出会い、漁に費やす時間を問うところから始まる。わずかな時間と答える漁師に、そのコンサルタントはなぜそんなに短いのかと聞く。漁師は、子供との語らい、妻との会話、友達との交流で忙しいが、充実した生活だと答える。コンサルタントは漁をする時間を増やし、漁獲高を増加させ、その売り上げで漁船を購入し、増加した水揚げのための缶詰工場を経営し、ゆくゆくは米国の大都市に進出し、会社を創業し、時期を見て株式を新規公開すれば大金持ちになれるではないかと諭す。それでどうなるかと問う漁師にコンサルタントは、そのときになれば、故郷に帰り子供と遊び妻と会話し、友達と交流できるではないかと答える結末で終わっている。このパラドックスは、目標が実現された後にくる真の喜びは勝利そのものでなく、そのことに向けた幾多の困難を乗り越えた誇り、自己の幸運に謝する気持ちと途中で諦めずに良かったという勝者インタビューの言葉で表される語りと相通じる。

そうであるならば、やはり、勝者の栄光とはよく言うが勝負の結果に云々するのでなく、勝利することを目指して汗を流した過程が得難いのではないかと、常に思う。勝負に負けて泣く涙に相応する努力をしてきた自負があるならば、それは何ものにも換えがたい貴重な財産であるはずだ。勝敗を葬り去る妙な平等はどこか偽善の気がするが、一時の勝者であることの名誉を凌駕することのほうが人生の味わいを濃くするはずだ。

こういうことを受け入れる社会の仕組みは、含蓄があって、生きることの魅力を人に与え続けるに違いない。

仲間を知る方法

人はなぜ笑うのか。他の動物はどうなのか。例えばチャップリンの映画「モダン・タイムス」で表現されたような共通の認識の不一致は、笑いの種類としてはどうなのか不明だが、背景に人間性の真理に根差した多少シニカルな表現があれば、思わず微苦笑せざるを得ないことが多い。この辺りの心境の説明は難しいが、即時に共感できる人が気の合う仲間として最高の人たちであろう。

笑ってもらうために、くどくどと説明を要することほど興醒めで疲労の多いことはない。数多くの研修を行っている経験から言うと、笑って欲しいと意図して話した言葉に反応がないときの空振り感は淋しさを通り越して、そのときの気分によっては腹立たしさを感じるものだ。その防止策として、精一杯の前準備を行い数種類の材料を用意して、時に応じ使うようにしていたが、自分と同じ領域で即座に反応してくれる人には自然に親近感が湧いて楽しい気持ちにさせてくれる。当然の結果として、研修で学ぶ内容についても理解が早く、この種の受講生が多いと講師冥利を感じる。私の場合は自分が疲れてくると、ジョークを言って元気を回復させる手を使う。受講生と一緒に笑うことによって気分ががらっと変わることをよく経験する。

人を知るユニークで簡単な方法は、ジョークのどこで笑うかを見極めることで、反応の仕方に類似点が多ければ多いほど、双方の共感度は高く信頼も高まる。職場では共通の目標にコミットするための対応性を磨けばよいが、プライベートな交流というのであれば努力をすればするほど、疲労が残るばかりであろう。

この場合は、妙なる妥協で苦労するのでなく、お互いの価値の違いを値打ちあるものとして割り切るしか、他にうまい方法はないのではないか。

「陽の下」考

会社勤務をしていると、一見複雑そうな問題が次々と発生するがその問題の中身より、そのことで話し合わなければならない関係セクションの数の多さに気が滅入ることも多い。解決を難しくしているのは問題の中身の難易度でなく、そのことに関係する多くの人の思惑と社内の力関係で問題が捩れてしまうことによると思う。その意味では、問題解決力とは人間関係力とも言えなくはないが、セオリーの定石も無視はできない。これに役立つ問題解決手法は、教育研修のコースとしても一つのジャンルを形成しているくらい種類が豊富にある。EM法、TQM、最近のシックスシグマの手法等、時々の人気度に差はあるもののいずれも実績としては十分なものと言える。近年は、全社横断的に全部門を対象とした、各種の経営変革手法の導入が増加する望ましい傾向になっている。特に全社的にトップダウンで行えば、つまらぬ横槍で停滞することもなく、推進者にとっても神経を疲弊させる割合が減る。

成果を決める中核的要因をプロセスで追いかけるイッシュツリーに対し、最近の考え方はパソコンを活用し、膨大なデータ分析をロジカルに進めるスタイルのものが評価されている。この種の運動に対する取り組み方は、余分な仕事と思わず、改善、改革はリーダー本来のミッシヨンであると理解して率先して取り組むことが必須だ。被害者意識にならず、自分のセクションだけが特別な仕事なので導入は無理と言い訳せず、組織のラーニングスピリットを植えつけることができるかどうかが成功不成功のカギになる。リーダーは勿論、各メンバーも現状維持は衰退を意味するとの同義語の気迫で取り組むべきなのだが、導入の経緯によっては一筋縄ではいかないことが多く、結局はうまく立ち回る一部の人々のサボタージュのために、その他多くの従業員が業績不振の直撃を受けてしまう何とも理不尽な結末を迎えることもある。

組織の変革の歴史はこのことの繰り返しではなかったか。そのように考えると、人間の世界に起こる問題に新しいものなどなく、今も昔も、要は人の持つ業の深さや思惑を超えて、どれだけ純な心で解決に向けて取り組めるかどうかだけのことと思い知らされる。

第二章　社会のオポチュニズム

1.　格差社会の困惑

オブリゲーション

強者、弱者の区別は格闘技ではいつの時代も鮮明だが、人の社会の強者、弱者は集団生活の中で他に対する影響度の度合いとして徐々に発達してきたのであろう。今風に言い換えれば、リーダーシップの発揮によって、格差が付いたと考えるべきだと思うが、今日の価値尺度で言うと概ね、年収の差として表現できるのではないかと思う。

国政を預かる国会議員は国民の選挙を通して選ばれる以上、理論的には多数を占める所得弱者への配慮を行わざるを得ないはずだが、社会のシステムがより一層細かく階層化されると、次の弱者と比較することによって得られる優越感と発言力の差がステータスとなることと所得強者の有資格者を目指す人が増加することから、特に経済の停滞期は自分だけの満足を優先する層に重点が傾斜するのは避けられない。そのため社会のシステムは、高額所得者層の所得税率の引き下げ、低所得者が痛む課税最低限の水準の引き下げ、間接税の税率アップ、シニア層の年金控除の縮小といった勝者優遇の施策が活力ある社会の実現という言葉に置き換えられ、言わば稼ぎの多い人に住みやすい格差社会になってしまうと思われる。この手の論理は、グローバル化する競争社会で戦える能力のある人を大切に扱い、その恩恵で弱者も生活が維持できるという理屈に正当性を与える可能性がある。

今の日本は、一九五〇年代以降の経済成長と低賃金の若年労働力の潤沢な供給の恩恵とも言うべきシニア層の高額のストックで救われているが、フローは名目二〇〇〇万円ぐらいがボーダーなのであろう。このレベルを超えた人たち、あるいは超えることを目指す人たちは自分たちに住み良いための制度の構築を目指す社会に反対はしないが、そうでない人たちがそのことに気づくのが遅すぎると、辛うじて残る日本人の美徳が霧散し、何とも形容し難い意気地のない、政府、官僚任せの民に堕落する危険性がある。その意味で、構造改革とは富の分配のシステムを改め、競争力のある人が住みやすい社会の実現を目指すことだと明確に訴え、そのことの是非の帰結として、チャレンジングな生き方を国民に問うべきプロセスが大きく欠落している。日本人の心の根幹を形容する部分なので絶対に省いてはいけないものだ。

行き着く先の姿

六六〇兆円という途方もない借金を抱え、デフレが追い打ちをかける国の財政は、最早実質、破綻状態に近い。一四〇〇兆円強の個人金融資産が霧散する悪夢は誰しも望まぬであろうから、構造改革を訴えるのは理のあることで、多くの人が支持することも納得できる。しかし、変えた後の姿を語ることなしに、今迄の政策の反省分析もなしに「構造改革」に無条件投票することは中身の洞察がない分、表層なだれと同じで、すべり落ちれば一巻の終わりである。未来に希望が持てない人が増えると、享楽が栄え、自分だけの欲望の世界に閉じこもるじめじめした社会になりはしないか。

どんな時代でも前向きに頑張る人は勿論いるが、一旦、成熟経済を経験した後は、社会全体の健全化に向けた情熱は希薄となり行政依存の、全体益よりは自分だけに住み良い社会のシステムを作り出すことに関心が向く、言わば格差社会に、この国が向かう可能性が非常に高くなると思われる。

国際線のビジネスシートを社用でなく個人で利用できる人たちにとって便利で正当性のある社会に、多くの人が賛成するとも思えない。目指す方向の語れない緊縮財政だけの構造改革は結局のところ、弱者切り捨てと施しの政策となり、総中流意識の我が国では決して望まれていないはずの、時代逆行とも言えるスノビッシュを受け入れることに似た、政治と経済の両方の権力を併せ持つ特定の層とそうでない層の社会に分化されると考えるのが自然だ。

大事なことはそのことの是非ではなく、行き着く先を覆い隠したままで構造改革を叫ぶ人と、そのことの意味を深く考えないままに他の人と一緒現象で浮かれるこの国の人は税金に寄りつく甘味を知る人か、そうでなければ御上は国民を考え行政を行ってくれると考える習性を引きずっているのではないか。

そういう善良な国民を囃すことに繋がる興味本位なメディアも同時に問題だが、真の国の姿の議論もなしに、構造改革を叫ぶ人は壊すだけの役割を自らのレーゾンデートルとする政略と同一でしかない。一日も早く、そうでないということを証明する勇気と結果を望みたい。

ゲームのルール

人気の出る仕組みは実に不思議なプロセスだ。現代のようにマスメディアの発達した時代では、一夜にして流れが形成されるのではないかと思うこともある。一般的に好きになる理由として考えられていた、熟知、格好良さ、話題性といったものに加えて、この国では皆一緒意識が健在であることをまざまざと実感させられる。文字どおり苦節を経験した演歌歌手が、本人にとっても突然に、一曲のヒットでスターダムに登る例は時に応じ報じられるが、生まれ変わったわけでもないのに人気が沸騰するのは皆一緒現象の好ましい例と言える。

多数の人がそう考えるから自分も同じようにというのは安心にはなっていても、個人の自立のイメージからはほど遠いのだが、それが満足の得方であれば抗し難いこととなる。もとより、個人の責任の範囲であるが、別なる考え方をする人の価値を考慮しない風潮が、未だ残るのは嘆かわしい。

先進国の後追いではない、日本独自の政策は、欧米型の言わば、生か死かの競争主義がもたらす格差拡大の社会ではないはずだ。政党は改革のイメージでなく、過去の政策を分析、整理したうえで何を目指しどのように改めようとするのか、その結果の姿を具体的に語り、選択を求める責任があるのではないか。

ブッシュ米国大統領の貧者向け援助プログラムは、地球温暖化問題、核拡散防止条約、防衛ミサイル問題等の非難をそらすタイミングではあったが、富者と貧者の格差が、マタイ伝のように今後もますます拡大し、反サミット、反インターナショナルの抗議運動に見られるように、社会の秩序維持のために無視できないところにきたことを示している。

努力した人が報われる社会と言葉にすると単純明快だが、努力した者が全員報われるわけでもなく、そこには当然、出自を含めた諸々の本人の努力とは関係ない要因及び幸運が大きく働いている。このことを納得させるのは論理的に無理があるし、人間として生まれたそのときから、固有の人権を以って遇されるべきとする考え方も意味なしとしない。

結果の平等は有り得ない以上、両者を相克する考え方はますます複雑化せざるを得ない。国民の過半数が平均かやや平均以上と考え、江戸時代以降、下を見て暮らせ思考を受け継ぐ日本社会や情報規制度の高い国家を除いては、富者と貧者の格差問題は一足早く社会問題として極めて重要な問題になると思われる。富者の利益を代表する党と貧者の主張を代表する党が各々に、支持者向けの政治を主張することはやむを得ないが、格差拡大のスパイラルは何としても避けなければならないと思う。

才能と運に恵まれた人が巨万の富を蓄積できる社会のシステムは、可能性に満ちた目標とされるべき社会の姿であることは自明のことだが、地球に住む人口のバランスを考えると、一定額以上の富の有効な制限策も故なしとしない考え方が起こり得る。有限の地球に住む地球人として節度ある人間の行動が何よりも望まれる。一定数の消費を伴わなければ、経済の仕組みは成立せず、富の分配が機能しなければ結果として富者も生まれず、さもなくば、貧困を招く人口の急激な増加を止めるしか選択肢はないのではないか。

リスクテーキング

職場で自部門のメンバーに改まった説明をしなくとも新しい試み、提案に対し理解、賛成が得られるというのは、コミュニケーションのレベルでは一見望ましいと思えるが、常に革新が求められる組織の理想から言うと最高の状態とばかり言い切れまい。

新しいマーケット、新しい競争相手といった、文字どおりの〝新〟は、他の人にとって不安と同義語であるはずだ。新が旧来にとって代わり、成功裡に価値を生み出すためには参画的議論が欠かせないのだが、議論なしで簡単に分かってしまうほどのアイディアでは、果たしてグローバルな大競争社会での強化策になっているのかどうか疑問も残る。

リーダーは後部座席と運転席を乗り分け、少数派になることを恐れず、メンバーを率いる責務がある。未知、未経験なことにチャレンジするのであるから期待どおりの成果が出ないこととも覚悟しなければならない。ハイリスク・ハイリターンの行け行け精神だけでは、当然ながら組織の存続を保証するものにならない。

失敗は成功の母、成功は失敗のもとの考えで、果敢に取り組むことは口で言うほど簡単でないが、自己の稼ぎで集団を維持することが義務づけられている民間企業は、税金で賄われている行政機関と異なり、次々と成功モデルを創出することが生きる道なのだと徹底して理解するしか方法はない。自社の存在理由を明確にしたうえで、従来の品質を超える新しい商品、サービス、新しい顧客層と次々にチャレンジすることが生き残りの確率を高めるとの信念を、メンバー間で共有しながら、個々のアイディアを検証、分析するといったリサーチ機能が併せて重要となる。

もめごとを嫌い、言いっ放し、やりっ放しの癖を避け、実施前の根回しに時間をかけるよりは、先ず実行して、その後の動きを徹底的にデータで分析するほうが成功の確率は高くなるはずなのだが、残念なことに、日本人のマネジメントは逆を行うことが多い。一生懸命やったのだから結果は問わないと仲間を庇う考え方の中で、原因分析も疎かになる例が多い。最大限の努力を行って望む結果が出なければ、よけい原因分析をしなければならないのだが、仲間を庇う気持ちと、責任者を出さないという仲間意識が失敗の分析を遠ざけ、発展のチャンスを削ぐことになる。

従来型の成長神話が再来しないと断言はできないが、企業体力の疲弊度から考えると、分析のないミステークの繰り返しを許すことは、座してじり貧になる恐れが高くなることを承知していながら組織を革新できない理由を問わない限り、業績の維持、拡大の成功確率は高まらない。従来のやり方を墨守して、明日は良くなると考えるのは、レイジーというより、立場ある人の仲間に対する一種の不作為の罪と言える。

2. 人としての器量

公なるものへの認識

最近の大学卒業生は就職指導、面接指導を徹底して受講しているので、その成果かどうか新入社員を対象にした導入教育で手のかかることは何もない。連日と言ってもよいほど、マスコミが伝える破廉恥で悪の化身のような出来事に接することは、幸いなことに職場ではまだ少ないのではないか。そのことと関連して当然と言えば当然だが、他人との付き合い方も表面的には、卒なく振るまっているように思える。逆に言えば対人関係にそれだけ気を使っているわけで、表向きに仲の良い集団であるために、どこかで本来の自分を発散させる小人数のグループを作ってバランスを取っている気がする。

一か月も過ぎれば、新入社員も会社の雰囲気に馴れてしまい、受け入れ側との双方に違和感がなくなるくらい環境適応能力は高い。逆に、あまりにも見事な対応性に、新入社員としての新鮮さ精悍さと、多少の荒々しさといったものを期待している立場から考えると、期待外れということも少なくない。

その意味で、社会性の欠如とは、対人関係の関心が関係のある集団に集中してしまい、その他の一般の、いわゆるパブリックの意識との格差が大きすぎることに起因しているのではないかと思う。所属する集団と、それ以外の人に対する感情の気遣い、関心、配慮のなさの落差が想像以上に大きいと思われてならない。通勤に利用するＪＲの混み合った四人掛けのシートで、目の前で化粧する女性に何人も遭遇したし、何かの拍子に目が合った瞬間に、わざとらしく大欠伸をする女性を時折見かけるが、疲れているとはいえ美しくない姿を平気で人前で演じる。

以前は、優しく美しい女性は良妻賢母型でビジネスには向かないと言っていたものだが、最近の例で考えると、全員が自己の成功にしか関心を持たないビジネス志向型で、家庭型の女性が払底してきたということなのか。人に対するやさしい気持ちと自己の感情のコントロールができる、ある意味でＥＱの高い人こそ男女を問わずビジネスで成果の出せる人なのだが。現実はどこか一直線で、吸収することは熱心だが、他に良い影響を与える言動をする人が少なくなってきているのではないか。

年齢を問わず人を魅力的にする体の芯から湧き上がるような心の情熱は何がさせているのか。意志の強さというと性格的表現だが、あらゆる分野に平均的に熱心ということではなく、ある一点に向けて、全力で燃えるタイプの人には魅力的な人が多くいる。まさに損得を超えた、その人がその人であるための自尊の賜物なのであろう。健康に起因する精神状態も大いに影響すると思うが、誰しも一定の年齢に達すると、今まで過ごした人生の勲章のようにあちらこちらに不都合が生じてくるものだ。

完全無欠な検診データ保持者は別にして、大概は昔から言う一病息災で持病とのバランス型になるのではないか。それでも誇りを捨てず、自らの信念に基づき正々と意見を述べ続けられることを忘れてはいけないと思う。このことを人生の最高の目標にしてもよいはずなのだが、そのためには私欲を超えた部分でいつまでも興味を持続できるかどうか。

人への思いやりが身に付かぬまま大人になってしまったことの恥ずかしさは耐えようもないものだが、気づかぬままでいる人は公なるものへの意識を欠いていると言える。

行動の理由と愚直

人が自分の行動を決めるのに理由のないことはない。他人の言動から影響を受けるにしても、前後は自分の判断の範囲と言える。従順にしろ、黙認にしろ、あるいは幼児の夜泣きに眠い眼をこすりながらあやす行動でさえ、ある意味では純粋に無償の行為とは言い切れず、苦痛を上回る精神的な満足を得るためとも説明できる。文字どおり自分にとって無意味なことは継続せず、満足を得る方法が逆になれば虐待になる。

全ての人が、自分の好む価値に基づく判断の基準を持っているのは当然だ。多くの人の納得、協力を得るためには、万人が肯定する基準である真、善、美、公平、オープンの概念が求められるのではないか。判断の材料になる知り得た情報、中間の整理された分析データ、メリット、デメリットを限りなくオープンにすることで当事者の恣意的な判断は避け得るはずだが、現実の姿は逆に、行政機関の多くに見られるように隠し回るほうが多くなるのはなぜか。後ろめたい結論というより情報公開が引き起こすであろうコントラバーシャルを避ける気風、議論を好まない事なかれ主義が、人にも組織にも染みついているのであろう。

人が持ち得る最高の力を発揮するためには、本人の心からの納得が前提となる。人のためとは自分のためであり、他の人に益するアウトプットが自分の楽しみとなれば最高の生き方となる。

判断基準の一つの徳目としての正直は何ものにも換え難い響きがあるが、そのことで相手が心を動かされるかどうかは当然ながら別問題である。正直に振るまうことは人の基本だと強調したいが、同時にその考え方の価値を口に出して主張し続けないと理解されない時代となった。この部分が一番難しい。臆面もなくという気持ちが働くとつい控えてしまうが、例えばクラス内でのチーティングを恥と思わない国民がいるように、彼らの考え方ではうまく監督できない側のフォールトと主張するのかどうか、チャンスがあればあらゆる方法で結果を求めるという考えも成り立つ。馬鹿正直に振るまうことは、自分に対する美徳で称賛されるべきだが、利害の相反する国際的交渉の現場では、嘆息に直結するだけのことが多いように見える。

人間の徳目で交渉が進められる時代を作ることを夢見るのは罪ではないと思うが、正直に行えば交渉事に成功すると信じさせることは問題なしとしない。その理由は、国際社会での交渉事で成功するチャンスを確実に少なくすると思うことによる。泣き言を繰り返す前に、激しく戦う国際型人材の育成を国家的事業として取り組むべきと思う。主張しないことが仲良くなる方法という考え方は、日本独特か、さもなくば少数派であろう。そのことがまた、不誠実という意味で世界から良い印象を持ってもらえないことに繋がっているのではないだろうか。

人たらしの妙

「人たらし」とは短いが当を得た表現で、職場での理想のリーダーを表現していると思う。職場は人のエネルギーを最大化させるを以って最高と言えるが、基本は人と人のぶつかり合いから生み出される相乗効果を発揮する場ということになる。人扱いが上手下手というテクニカルの部分が前に出て、裏が透けて見える感じもしないではないが、人たらしの要諦は言葉巧みに誘惑するといった意味ではなく、その人のためには、そうせざるを得ない気持ちにさせる人ではないかと思う。強制ではなく自発で、損得ではなく意気に、是非ではなく気持ちに訴えることのできる対人に向けた精神の極限の作法であろう。

一人一人がパソコンを持つメール文化の職場では往々にして、ふらふら歩き回る人が多いにもかかわらず、簡単なメモ程度の連絡でも対面ではなくメールで伝えるケースがなぜか多くなる。最初の内は奇異な感じもないではないが、その内、馴れてしまって人の触れ合いが薄れてしまい連帯感が希薄になる思いがする。更に、批判を伴うフィードバックをメールで行うと一気に信頼感まで萎えさせる。相手の気持ちを考慮しない自分本意の姿と通じるが、組織が弱体化する兆候なので気をつけなければならない。

組織の強弱を測る尺度は色々あると思うが、仮に他の条件を同一とした場合に、ルーチンワークでない緊急処置、中期的な重要施策に向けた改善、改革プランへの取り組み、問題発生時での本質的な原因究明及び対策が十分検討されているのかどうかが大事な尺度となる。職場はよく言われるように、問題の集積場で、持続的な問題解決への取り組みが不可欠であるが、このことに対する全員の取り組み方の強弱は恐らく人たらしのリーダーがいるかどうかによって大きく影響するはずだ。

政治の世界は外から眺めていると、良心に価値があると思い良心に憧れる人には住めない場所と表層的には見えるが、一人一人の思惑に起因する人間集団の離合集散、政権奪取ゲームの生きた現場として、これほど、スペクタルに分かりやすい格好の教材は他にないと思う。それにしても、国家国民の生活を決める重要な権限を白紙委任しすぎている気もしないではない。

派閥の長として長く影響を持ち続けている人には、人たらしの器量が備わっていることを認めなければならない。国民の求める政策立案能力もさることながら、自派閥メンバーの最大関心事である再選に向けて費用を含め、圧倒的な気配りは人の心を惹きつけざるを得ない。生殺与奪の権を預けるにも似た扶助の組織は共同体化すればするだけ、お互いに気持ちの良いグループになることは、政界の実情は知らずとも、日本人であれば容易に理解できるはずだ。派閥が形を変え、連綿と生き続けるのは理由のあることである。

人たらしの魅力を否定することは、感情ある人間が住む、この世には存在しないことを望んでいるに等しいことを知っておく価値はあると思う。

対応性を鍛える

フェスティンガーが述べた認知的不協和の考え方は示唆に富んでいる。禁煙を望みながら実行できずにいる人にとっては、自らが喫煙し続ける行動を支えてくれる理由が欲しくなる。そうなると自分の喫煙がマイナスでないとする記事、情報ばかりに目が行き、それらを記憶として残すことで自分を納得させる。人は、自分の認識と異なる結果を受け入れることは不快感が生じ精神の安定を欠くことになると言われる。

生活上の様々なやりとりの中で自分とは違う反応、つまり考え方や感情の発露が明らかに自分と違っても、人間生活の奥の広さとして受け入れることができ、楽しめるためには、そのことを意識した意図的な努力が必要と思う。長ずるにつれて他人のスタイルが不快でなく、理解できる対応性が拡大するのが普通だが、このときの心理状態は、自分も自分の好みにこだわる以上、相手も同じように自分の好みを追求することを自然体で認める考え方と、同時にそれ自体の価値を理解できる心の広さが芽生えることによるのではないだろうか。

人は自分が思う人になると言うが、物質的な達成、未達の差はあるものの自ら望む人格の完成は、意識を捨てなければ自己実現という型で成就すると信じたい。ただ、その時期がいつ訪れるのか、本人に確たるものがないだけに途中の迷いは常にあるのだが。

年齢を重ねると、さしたる努力の記憶もなしに、何となく学習経験が累積され識別眼のようなものが付いてくるのは本当のようだ。絵画の場合も同じで、繰り返し多くの絵を見ることにより良い作品を味わえる眼はできてくる。ただ難しいのは、今は拙劣で観賞者に訴えるものがない作品でありながら、素質が開花する前の作品なのか、そうではないのかといった潜在能力を見つける眼力で、専門的な能力が求められるのではないかと思う。音感の場合は幼時での発達程度が大きく影響すると言われるが、成人になれば平均的レベルに落ち着くのかも知れない。そうでなければ、音楽の愛好者がこれほど大きな数になることは考え難い。しかし、それはあくまで提供を受ける側の消費者、購買者のレベルであって、供給側の水準ではない。高いレベルを維持しながら長期にわたり提供側に立ち続けている人は素晴らしい努力の持ち主に違いない。批判することが即、絵を描く力に直結することのできる人は真の実力者であるのであろう。

この人たちは尋常でない練習量を積み重ねた人のみに許される「クラス」のようなもので、通常は、批判ばかりで自分に甘く、実行できないことの遁辞を楽しむことくらいで終わることが多いのではないか。生活をかけたビジネスの世界では文句なしに供給者側に立てる力が求められるが、よほどの専門職でない限り不向き、不可能と自分を納得させる生き方をせず、他人の成果物によりかかるのでもなく、あれこれ批判するばかりの態度より、自分のチャレンジ精神の欠如を恥じることが好ましい人生だと思う。何もしなければミスも起こらないたとえで、セール時の凪のように他の人が扱いに困ることが多くなる。

格言の価値

格言に記されている言葉は人間の知恵として秀逸の一つであると思う。短い言葉で、これほど端的に心の思いを表現し、読む人に勇気と助言を簡便に与えてくれるものは他にあるまい。その理由の一つは、人間社会の真の姿のように、相反する格言が数多く存在していることにある。読む人の心境により、あるいはそのときの自身の立場によって、自分の意志を簡潔に意味ありげに表現できる便利さはこのうえないものだ。

仲間が傍にいれば格言を使うことによって会話の奥行が広がる。別の活用法としては人前で口にしないまでも、座右の銘として胸に刻むのも良いことではないか。消極的な慰めの効用でなく、日めくりカレンダーによくあるように、明日に向け勇気の湧く格言を何とはなしに読んでいる内に励まされるサブリミナルな効果も計り知れない。

仕事上の折々の場合でも一息入れる余裕が持てる。思わず思慮足らずの言辞を述べた後で、言葉足らずであったと自責の念に悩まされるよりは数段スマートな生き方ができる。含蓄のある言葉を噛みしめる遊びは人間に許された贅沢なのではないか。

「陽の下に新しいものはなし」という言葉は怜悧な刃物のように切れ味が鋭く、人間の愚かさをこれほど表現したエピィグラムはあるまいと思う。格言に振り回されるのは困るが、何かの折、一寸したアイディアを先人から借りる楽しみは捨てたものではない。

時空を超えた共感を覚えるとき、大概の難局は処方箋を得たのと同然である。人知の宝庫から意図的に仕入れて利用することのご利益は大きい。

緩急自在

安定、定住志向は日本人の好みとして定着しているので、リスクの考え方もどちらかと言うと、予期せぬ出来事が発生したときの安全対策のレベルで議論されることが多い。敢えて困難を承知で立ち向かい、自己の目標実現を目指す行動はいつの時代も夢ではあるのだが、挫折と隣り合わせを覚悟しなければならない。逆に言えば、そのことが一種の条件なので、ハイリスク・ハイリターンのたとえどおり、夢の実現を目指して自らを賭けることができるかどうかは、一言で言えば生き方の問題になってしまう。

安全、安定で成功を望む考え方は一見理想だが、競争社会の出現は、よりリスクを取らないと成功のチャンスが少なくなる社会に変わりつつあると言える。安全だけを生き方の価値とする考え方を否定することはないが、今後は行きづまりの可能性もなしとしない。

皆と同じ症候群現象に対峙することができる精神の充実も、一方では求められるのではないか。そうでないならば、やはり、誰かのおかげで他律的にいくか両方取りのチョイスはできなくなってきているように思う。

緩と急の場合も、時に応じ自在に行える人を目指すためには、スキルで論じるより人格論のカテゴリーに馴染むものと思う。例えば、厳しいことが得意な人は緩めることが不得意である。知識としての能力不足でなく、その人の気質、性格によるものと思う。厳しさが欠けると、何か手抜きをしているようで落ち着けないことによる。

常に一面的で、規則正しく効率的に時を過ごすことに価値を置く生活を続けていると、緩めることの意味を理解することは困難となる。基本的には自分の好みでなく、時代に焦点を合わすという考え方に立てるかどうかも大きい。緩も急も、そればかり続けると慣性が働いて馴れてしまうが、目的思考で、状況を見ながら緩急を絶妙のタイミングで切り替えられる人は魅力的である。

緩急のある人は深みがあり、ルーズと異なる懐の深さがあって人を飽きさせない。そういう木鶏に通じるような精神は簡単ではないが、目指すべき目標の対象となることは間違いない。

3. 思考の喪失

社会の公器説

新聞に対し持つ、清爽な魅力が社会の中でいつ頃から受け入れられてきたのかは不明だが、多分、戦後のデモクラシーの中で言論という新しい価値に覚醒させられたのは否めない。しかし、ここ数年はこの言葉に実体が伴わないことの多さに気が滅入る。その理由は二つあって、一つは新聞社の伝える「世論」は自社の都合が優先されている思いがする。二つ目は有料、日刊に値しない雑多な特集、広告の氾濫である。出来事に際し掲載される識者の意見は読者視点でなく、自社の好みを窺わせることが多い。自社の信ずる言説を売ることを読者が納得し購読するのであれば、ビジネスとして異をはさむ余地はない。

しかし、自社の主張のみが世の中の意見の中核であるがごとく演出したり、逆に内容の不十分なもの足りなさを感じさせる記事で読者を幻惑させることがあれば、それは読者の期待を裏切ることになる。日々、新聞の伝える広範で雑多な記事の中には、単なる媒体機能と思われるものも多くあるので、日刊の総合情報紙の趣になっていることが、読者の感覚を薄めていると思われる。インターネットの普及により、個人の意見が伝わりやすくなったことは、従来の大新聞の論説に盲目的であった人には大いなる意識改革を引き起こす可能性があるにしても、今日のような時代に、新聞社が行わなければならない第一の仕事は、読者が知り得ない自らの主張の背景と理由を常に明確に読者に伝えることだと思う。公共の利益のイメージが強い社会の公器意識を隠れ蓑にするのではなく、自らの良心に基づく主張が購読者に理解されるように編集方針の明示を望みたい。

新聞業界が、業界の申し合わせかどうか新聞休刊日という妙なる時代錯誤の制度を延々と続けていることは理解に苦しむことだ。新聞配達人への休日云々の説明は、日本中が九－五時の勤務態様で日曜日が休日という生活を送っていた人が過半数であった時代の残滓のように思う。今はバウンダリレスな世界とも言えるが、時差と戦いながらの二十四時間サービスの社会システムの中で、会社が休業しないと社員の休暇が取れないとする発想は救い難いほどの利権意識と言われても仕方があるまい。前近代的な繰り返し訪問による新聞セールスの実態で、多くの人に迷惑をかけていることも改善が必要と思う。

精読か斜め読みかは色々な事情がからむが、数社の全国紙が掲げる論題としての認識と意見を三〇〇〇万人に近い数の読者が共通して読むことは、空恐ろしいほどの影響力と言える。「私」の意見を「公器」が伝えることから公に評価されているものと錯覚してしまうことが避けられない。常に数紙を読み比べることは、一般には時間とコストの面で馴染まないと思う。主語をぼかした受動表現はあたかも世論のように思いがちであるが、当然ながら各紙とも自社の編集方針を持っているわけで、大型活字の見出しで引っ張る思わせぶりな論調に引き込まれることなく、ぐっとこらえて自分の頭で考えることが極めて大切なのではないか。

組織の縛りの中で書かれている論調と、自律している個人とでは、主張の根拠と結果責任に一長一短はあるものの、個人の自己責任で考えるほうがより今後の方向なのではないか。自己の主張が公益であると主張する偽りの公共性に取り込まれることに注意しなければならないが、立場が明らかになれば書き手の暴説、異論を楽しむ余裕ができ、自己の思考を鍛える意味で最高のトレーニングになり得る。

新聞社もTV局も政党と同じ立場と割り切ったほうがすっきりして分かりやすく、社会の活性化に役立つものは多いと思う。本来的に中間、中立など有り得ないはずなのに、中立を装い社会に怨嗟の風を吹き込むことでビジネスを行うよりは、むしろ、積極的に違いを出し特色を売ることを提案したい。情報量の少ない一般の受け手にも相応の準備が求められるが、そうでなければ、サイレントマジョリティの道を辿る可能性をますます高くするばかりだ。

人の動機が他人に存することは考え難いが、結局、ウイナーテークオールのゲームの中でも、よりフェアで品の良い行いを最低限、人のルールとして求めることは、十分価値があるはずだ。

群れ方の違い

気心の通った仲間と語らう楽しみは、人間の楽しみの中でも特上の部類に入るのではないかと常々思う。人はもともと独りで生きられるようには創られていないのかも知れない。日本人のケイタイ好きも、確たる用件で使用するのではなく、孤独でない繋がりの証を求めるヒーリングのツールとして愛されていることもあるのであろう。利害の相反する集団同士であれば、数を頼りに力ずくで強行突破を図るときは群れていないと勝ち目はない。

一時、自民党が政治倫理の関係で派閥解消を申し合わせていたが、いつの間にか復活し、派閥連立政党といった趣を呈しているが誰も問題にしなくなってしまった。束縛のない自由に憧れるくせに、群れることによって得られる保身、安心のほうが魅力的なのであろう。自由と安心の両方を得るために個人の覚悟を必要とするのだが、派閥に属していながら、本当の意味で自由に言動することを望むのはボス以外は論理的に成り立たないのではないか。

人材教育に関する研修で少しの期間、米国の西海岸で生活をしたが、TV、映画で見る超近代的なイメージと現実の落差はともかく、人々の生活ぶりには正直考えさせられることが多かった。個人の好みが表面に出る象徴的な姿は、ダウンタウンを歩く人たちの服装が夏服から冬服迄のとりどりで、同じ場所、同じ時間帯に連れ立って歩きながら片方はTシャツ、もう片方はオーバーコートの出で立ちに見られる。サンフランシスコの夏期は夕方に有名な霧が出て、昼間は見事に晴れる素晴らしい日が続くが、朝晩の冷え込みも激しく、昼間との温度差は想像以上となる。考えてみれば、日本式に一斉に衣替えをする方式のほうが、寒さ暑さに対する感じ方の個人差を考慮していないと言えるのかも知れない。

公園の利用に対する厳しい規制の仕方も、公共のものに対する考え方として大いに参考になる。一部の例外的な公園を除いて、排泄問題が切り離せない犬の立ち入りを禁じているが、日本の野放しな現状と比較して、公園で遊ぶ子供たちの衛生を考えれば服装同様このほうが合理的な判断だと思える。

個人の自律度が高い故に、公私の区別が明瞭で公共に対しては厳格なルールの遵守を義務づけるアメリカ式と、自分の属するグループ以外のことは無関心な日本式風潮とではどちらが良いかとの議論ではなしに、なぜこうなったかというルーツを考えたい気持ちが働くことが多かった。アメリカに憧れる日本人の数の多さを見るとき、日本人の群れをなす行動スタイルとロジカルを嫌う感情過多で湿度の高い人との付き合いに、重苦しい閉塞感を感じている人は多いに違いない。

人はイーグルではなく群生の民であるとは思うが、個人の自律でコミュニティを作ろうとするアメリカ式と、偏狭なグループ意識で行動する日本式とでは行動スタイルに天地の差があるように思えてならない。

アカウンタビリティ

組織での先送り体制は、そこに働く現役のメンバーを最終的には不幸にすることに繋がる。バブル経済の終焉以降、改革はおろか改善も教訓も得られなかった現実から〝失われた十年〟と言われているが、一〇〇兆円近い税金を注ぎ込んできたことを考えると、その時々で、必死の対策を講じてきた事実に相異はあるまい。応急処置でなく、社会の構造を変える変革について完全な処方箋など誰にも分かりはしないが、現状の追認、解説をするだけのマスメディア、エコノミストも、職業として自己の見解を述べているにすぎないとしても、予測した結果が得られていないことに関し自省の弁が欲しい。

景気回復の道筋と財政再建が整理できないまま、社会の構造を変えるプロセスで少なくとも九四年、九六年、二〇〇〇年の三度にわたり、せっかくの回復の芽を摘んでしまった判断の根拠と結果の失敗から何を学んだのか。

最大の問題は、行政の責任者に退職以外の結果責任が問えないシステムそのものにあるのではないか。一〇〇兆円近い公金を注ぎ込んだのであれば、結果として、そのことの経緯とそのことに基づく事後分析を公表することが最小限の責任だと思う。首相が何人変わっても、問題の本質を整理し、国民に情報を提供し続けることによって国民の意見を問うという徹底した情報公開のスタンスを取らない限り、過ちの是正は難しい。国民的議論を経ない性急な結論と問題の先送り体質は、いずれも結果と責任、計画、実行、検証というセットの視点に欠けるその場限りの小手先表現なのだが。

過去を問わない習性は、四方海に囲まれた海洋国家の民として育った国民の生きる知恵かも知れないが、応急的対策の繰り返しで誰がどこで、どんな決断をしたのかも問われない仕組みこそ構造改革のナンバーワンであるべきだが、今も相変わらず、変革のテーマが骨太と称し一方的に並んでいるだけである。

プロセスマネジメントの取り組みは検討されているようであるが、将来に向けた改善のための分析ではなく、依然として意識変革が行われていないと思えるだけに、多分うまく行かなかったときに言い訳が並ぶのか、あるいはそのときになれば誰も気にも留めていない可能性を恐れる。

西欧的なるもの

スポーツ界の最大イベントを統括する組織のマネジメントを見ていると、日本人の感覚と随分異なることに気づく。日本人の美的感覚から言うと、贅の限りを尽くした特権ぶりは唾棄すべき対象となりかねないが、ヨーロッパ風のスノビッシュからすると当然の振るまいで且つ、憧れに値するものなのであろうか。そうでなければ、一応、投票制度は機能しているのであるから、常に信認を得られはしまいと思う。

このビッグイベントは、徹底した利益主義で役員層が妙なる貴族趣味であることは報道だけでも窺い知ることができ、日本人の価値観を超えている。スポーツ競技の仕組みを作ったヨーロッパ社会の遺産で生活する人たちと言えばそれまでだが、残念ながら、芸術から医学、法律、社会制度に至る、ありとあらゆる価値観が西欧から輸入され、デファクトスタンダード化している世界で、生きていくための授業料を払い続けさせられていると思うしかない。

十九世紀末に、初めてアジア地域で日本が独立国として一矢を放ったが、結局のところ孤立してしまい、アジア諸国からも批判されてしまっていることの理由は何か。西欧文明への憧れだけでは淡白と知恵のなさと同じこととなり、マキャベリが教えるように言論による仲間作りに長け、格差社会を歓迎する社会システムが相対的には生存力があるということなのかどうか。そうであるならば、そのことを幼児から教えるべきだし、そうではなく、もめごとが表面に出ることを嫌いながらチクりを得意として、吸収力の強い従順な態度の日本的なるものが大事な社会則と信ずるならば、そのことを徹底して、あらゆる機会に世界に伝える努力を行わなければならない。中途半端なことを繰り返していると、自国の防衛もしない、自己愛だけの卑劣な国民と思われていることから脱することはできないのではないか。

第三章　成果主義の幻想から脱せよ

1. 無意識なる幻覚

顕在能力のメカニズム

会社組織では上司との関係がメンバーのパフォーマンスに直接影響すると考えたほうがよい。そのことの例を示すと、上司が移動するケースと部下が移動するケースでは対応が別になるが、上司が不変の後者のケースでハイパフォーマーを転出させた場合でも、本当に能力のあるリーダーなら、容易に代替者を成績優秀者に育てることはそれほど難しくない。またそうでないと、会社の組織を生き生きと継続させることができない。

有能なリーダーがいれば、メンバーのパフォーマンスが低いという理由で組織が廃止されることも起こり難い。代替者がハイパフォーマーに育つ理由の最たるものは上司との密着度で生じる。チャンスの与え方、仕事の割り付け、業務指導、他の部署との連携、根回し、情報提供、上層部へのPRを含め、その人に関わるあらゆる活動をポジティブに変えることができ、次のハイパフォーマーとして育成することは十分可能である。職場の同僚は、身近にいるだけこのことがよく分かっているので、最近の成果主義の導入を歓迎しつつも、能力が顕在化されるプロセスに違和感を生みやすいので配慮が必要である。さらに実際の評価として、上司が替わればＩ一の成果でも評価点が変わること等が結果として査定の納得度を五〇パーセント強（「人の評価に関する意識調査」日本能率協会　97年12月）程度で低迷させる主要な原因に繋がっていると思われる。

大きく伸びる可能性のある人材を現状のパフォーマンスで停滞させておくことは、本人にも組織的にも許されることではないが、適材適所とは違う意味で、組織内のメンバーの位置取りが固定化されることで秩序が保たれている傾向が職場にはある。座席がフリーのちょっとした部内会議でも、同じ会議室を使うと座席が固定席になってしまうようなものだ。例えば、ゴルフ仲間にしても、なんとなくスコアの序列ができてしまって、たまたま良いスコアを出すと仲間内での居心地が悪くなったという経験をした人は多いはずだが、このポジショニング、つまり序列を破ることは親密な集団になるほど勇気がいる。

顕在能力は、そういう組織内序列あるいはリーダーによる意図的な配慮により発揮されることが、高度な専門知識、スキルを求めない間接部門の調和型職場では多く発生し得ると言われる。こういう状態が長く続くとメンバーの関心は内向きになるので、新しいリスキーな課題に自発的に挑戦する気持ちが出てこない。新しい課題には新しい才能が必要なのだが、恣意的、観念的に従来の評価ポイントに基づく人材を重用することを職場内に定着させてしまうと、少しずつ組織の活力が失われていくことを心配しなければならない。

今までと一緒ということはメンバー本人にとっても安心領域なので、自己変革を志向する動きを期待することは難しい。組織内の序列をガラガラと壊すショック療法を、適時取り得ることができるリーダーは、そのことだけでも優れていると言える。縦の連鎖が機能する現場では逆の誘惑が働くケースが多く、根本的な問題解決を遅らせることに繋がることを知っておく必要がある。

職場知の開発

瞬時に極限の運動能力を発揮することで競う多くのスポーツ競技と違って、継続性が使命の会社組織では、総合的に一定の入社試験を課し、顕在能力だけでなく潜在能力にも期待能力として大きなウェイトを置いてきたことは意味なしとしない。この数年、バブル後の不況の長期化とともに、業績回復の方法として成果主義の導入が高まってきているが、能力の高低の決め方、基準設定が言葉で表現すると曖昧になりやすいことや、人間の顕在能力が最大化される要因に意欲、つまり職場環境が大きく影響することを考えると、この方法自体も多くの問題を内包していると思ってよいのではないか。

多くの人は、成果を上げた人が高い報酬を得るという成果主義の考え方に親和的であるが、成果の定義、評価システムの曖昧さ、成果とは言えないはずの組織内で働く各メンバー間の順位づけの影響が及ぼす評価の結果に、心から納得していないことが多いと思われる。更に誤った成果至上主義は、戦後の一時期を除いて、日本の人事システムが持っていた終身雇用の良い面を破壊する可能性がある。子供の入学、社員運動会、社員旅行と、家族ぐるみで会社一家を形成してきたメリットは非常に大きかったと思う。相対的に低い評価を一時期受けたとしても、退職するよりはあらゆる意味で有利だし、異動などにより次のチャンスが巡ってくれば高い評価を得る可能性もあった。このことは同時に、企業ロイヤリティーと職場知の維持に計り知れない効果をもたらしてきた。

かつての高度経済成長の時代は、リバウンドが期待できる景気サイクルと経済成長の結果の含み資産が余剰人員も吸収し得たが、残念なことに現在の需要減と焦点の定まらない構造改革を強行する厳しい競争の中では、心ならずもレイオフ実施の選択肢なしで根本的解決が図れない状況になってきたのも事実だ。

レイオフの実施に伴う組織知の喪失を防止するためには、年齢、資格、役職の基準でなく全社均等に役員を含めてレイオフは行うべきものと思う。特定の人の思惑を排除する意味で、組織内の無言のプレッシャーでなく、十分に情報公開した上で本人の自発的な意思で決定できる環境を最大限整える必要がある。

こういう不況期に、大事なことはモラルの維持で、どのようにしてメンバーが全力を出せるか単に売上高の増大とか、新商品、効率といった従来型の短期的な競争力の要素を求めるだけでなく、今は直接的に数字に関係なくとも、次なる出番が期待できる人をいかにローコストで維持できるかが勝負所と思える。そうでなければ、次のレイオフ対象は自分と思う人が増えるだけで、社内志向で縮小均衡するだけのじり貧の循環に陥る可能性から逃れられなくなる。

アンラーニング

六十年代と八十年代に経験した高度経済成長時代の何と言っても需要が引っ張る経済では、全体のパイが大きくなるだけで競争の構造に変化がなく一定の勝ちパターンが通用した。異なる世界だが、端的な例として優勝請負人と言われた監督もいたが、今後はますます名前どおりの期待に応えることは難しいだろうと思う。その理由は、一度成功した人はその勝ち方から逃れられないことによる。

勝ちパターンは勝つためのルール作りなのだが、本来的に善し悪しの二面を併せ持っている。成功体験を捨て去ることは人間には想像以上に難しいのではないか。そのときの自チームのメンバー編成と他の競争相手との関係において成功した一つの方式を、どうしても唯一、無欠のものと思い込んでしまう。ゲームとは所詮、競争相手と相対した勝負なので指揮を担当するチームが勝つことが本来の目標なのだが、いつのまにか自分の勝ちパターン確認ためにゲームを行う衝動が生じてくる。

プロスポーツの場合は興行収入が大事な事業目的なので、たとえ優勝しなくとも結果として利益が増加すればトータルでは良とする考え方もある。その意味では、観客動員数を目的にして人気タレントをリーダーに据えることは、結果を求めるファンの気持ちを別にすれば極めて合目的な判断と言えなくもない。

異なった組織風土とメンバーの異なる職場で良い結果を出すためには、固定しない複数の変数を必要とする。戦う相手が変われば、さらに複雑さは増す。メンバーの能力を引き出し、その人の最高のパフォーマンスを継続して発揮させ得る力と相手チームの戦力の把握を基に、戦う意欲に満ちた職場を与件の範囲で作る必要がある。

このことが能力としてできるできないの基準は、三か所以上の成功体験がぎりぎりのレベルだと思う。一か所二か所の成功実績では勝ち方のゴールデンルール云々ではなく、単なる事例のレベルで、次の成功を確約するものにはならないだろう。リーダーとして恵まれる時期は常に保障されているとは言えず、健康問題、家庭問題を含め次々と克服しなければならないことが生ずる可能性もあり、厳しい条件を考えると期待どおりの成果を出せず、思い悩むことが多くなることと背中合わせの中にある。強調すべきは、仲間内で戯れる小康で満足せず、人生の確たるものを求めて過去の成功体験を棄てることのできる人を育みやすい、精神的土壌が必要と思う。

高得点者と業績の相関

高い評価を得るためには、今も昔も評価者から好ましい人物と思ってもらうことが一番の近道だ。高い評価を得た人の実態が、業績貢献者のランクづけならこれほど理解しやすいことはない。しかし、現実の仕事の流れは工程のように機械的でないことが多い。いくら精緻に評価基準を作成しても、上司に気に入られない人が高業績者に名を連ねることは一般の試験と異なり、会社組織では考え難い。

専門職の職場を除いて組織における評価とは、業績達成能力を直線的に問うのではなく、つまり、成果に含まれる対象が所属組織の外部に向けた付加価値だけでなく、内部関係者に向けた貢献も大きな要素となるのが普通だ。会社としての効率から見ると、誰かが誰かのサポートをしているわけで不効率このうえないとも言えるが、組織内部ではそのことが評価される。この評価を支える思考構造が維持されている限り、高成績者の実態は些か怪しい面もなきにしも非ずだが、リーダーを中心とするチームワークが維持されるというメリットはある。

外部に向けて価値を提供し利益を稼ぐ提案ができるためには、他の人と異なる視点、行動を実践することが求められる。そのことの結果として、平均以上の実績を上げる可能性があることになるのだが、このことを上司に受け入れてもらうためには成果という言葉のイメージでは想像できない泥臭い人間関係能力を必要とする。コミュニケーションの不出来は、一匹狼という最大の敬称とともに異端児視されることになり優秀者であっても評価を下げる。このことのマイナス点は、職場の関心を内向きにさせ仲間集団化し、アフターファイブのネットワークにも神経を使うことになりがちだ。

この体質が続く理由の最たるものは、この種のマネジメントスタイルを好むマネージャーが同一のタイプをハイパフォーマーに選び、似たもの同士の職場を形成してしまうことによるのだが、伝統化すると軌道修正はやさしくない。その結果、高い評価を受ける人は高業績者とイコールにならず、仮に高い評価を得ている人の集団を編成しても良い結果を出せない妙なる集団になりかねない。

内部志向が強くなると、新しいアイディアに取り組むよりも手馴れた過去の成功事例の踏襲が前面に出るので、あたかもプロダクトライフサイクルに似た成長、成熟、衰退のような動きを辿りやすい。外部環境の変化のスピードにもよるが、盛者必衰の理にも似て、外部から新しい価値観を持つ人が現れるまでの時間軸の中で繰り返す恐れが高いので早い段階での対策が何よりも肝要となる。

2. 評価の納得は至難

評価プロセスと異能

能力主義、成果主義という言葉を日常的に使うことが多くなったが、本質的な部分で理解されているかどうかは別問題のようである。人はそれぞれ、自分は他人よりもいくらか優秀だと思っているか、あるいはそうでないまでも人並みというところか。そうでなければ、劣等生を自覚せよと言うようなもので、とても今時の社会では生きてはいけまい。

私欲を求めず自らの限界を知り、他人に学ぶ謙虚さを持っている人なら、絵にかいたような理想の人格であるが、残念ながら、今風の人物像からはほど遠いと思う。書物上の人物を除いて、大抵の行動の裏表が透けて見える今日の情報時代では、四つ葉のクローバーを探しているようで単なる偶然に期待するようなものなのかも知れない。日本で人気のあるマズローの動機づけ説から言っても、自己否定は矛盾する考え方になる。

制度をどんなに精緻に作り上げても、人としての自己保存を考えると自虐的な性格の人でない限り、本人の評価点とは常に乖離があると考えたほうがよい。問題は、納得していない人たちに向けた対応が未処置のまま放置されていることである。せっかくの成果主義の制度を制度として積み上げれば上げるほど、過去に高い評価をされた有資格者とこれから高い評価を得ることを期待して頑張る人たちの両方にバランスを取らざるを得ず、実体としては、資格役職制度の追認か、掛け声だけの利用にとどまっている。

納得していない人たちが、本当に低い成果達成度しか果たし得ない人なら、誰しも容易に結論を出すだろうが、実際はそうではなく、上司との相性、担当業務の難易度、時流のミスマッチが主なる理由であれば、結局は他人の尺度での評価であるとの見方を超えられない。変化の激しいグローバルな競争でルールの変更もあり得る社会に身を置かざるを得ない現在の組織では、その人の保有している資質が将来、現在の高いスコアの人を逆転する可能性もなしとしない。

年と功をベースにした相対評価の基準を外したところで、政党人のような自薦のシステムが働かない組織では、評価とは常に他人が行うことであって、その限り、納得度は高くならない宿命であり、成果主義の真の目的を成功させるためには成果の対象のコンセンサス、評価者のレベルアップと制約のない自己申告制度を同時並行で行わないと本当の意味で成功しないと思われる。単なるブロードバンドで報酬の制度を変えることだけで、活力に満ちた競争力のある組織に生まれ変わると期待することは望みがすぎる。

選挙運動中はいろいろ批判もされていたが、ジョージ・W・ブッシュ米国大統領が就任演説で述べた「いまだかつて、世の中に役立たない人間は生まれてこなかった」(「ニューヨーク・タイムス」01年1月20日付)というくだりは出色であった。良い悪いの線引きは人の営みの中で評価基準として存在するものと思うが、その判断は時代の流れ、国、民族によって必ずしも一定ではない。何をもって優れ何をもって不可とするかは、その時々の必要度に応じ恣意的になるか、哲学的になる。

絶対的な存在は神々の他には存在しないのが、人間社会だと思う。当然、価値観の基準が変わると評価が逆転する。一時期話題になった、小学校の運動会の徒競走で運動能力の低い児童に基準を合わせる発想は、周囲の大人の無理解の結果であるにしても、走りの遅いことがなぜ駄目なのかを問いかけず、既成の価値観の中での勝ち負けの事実から目をそらすだけの一面的な解決策ではなかったのか。

一種目の競争で人間の全人格が決まるわけでもなく、広い概念で潜在能力をフルに発揮できるよう引き出すことが教育の本筋だと思うが、異なる才能を直視しなければ気づきが生まれるチャンスは永久に失われる。この意味で、人が化けるには切っ掛けが必要で、人は必ず成長するとする信念が生かされる環境の中での関わりが大切だ。自分の内在的な要因がトリガーとなることはないとは言わないが、外部要因に誘発されていることが圧倒的だと思う。外部環境にアクセスできること、つまり、感受できることがその人の能力と言えるのだろうけれども、良い意味のストレスの誘因であるストレッサーのように外部環境は人間を鍛え続ける。

自意識の希薄な幼児期は、両親の影響が著しく大きいと思われるが、結果を出せない状態が続くとすれば、本人の所為というよりも、その人にフィットする適切な環境が用意できなかったことが大きな要因と考えてもよいのではないか。

程度、時間差はあるにしても、低い評価であり続けることはあり得ないと思う。要は本人に気づきが生まれたかどうか、人間を取り巻く環境要因の大切さを無視してはいけないはずだ。今の社会はその程度には高度化されてきたはずで、特に職場では、悪い評価が続くのであれば本人の反省は勿論だが、組織の人材活用に対する怠慢という言葉に置き換えられても文句は言えまい。

中間層が決め手

〝中庸は徳の至れるところ〟とはよく言ったもので、マジョリティーを占めているということもあるが、概ね、バランスの取れた幅の広い人格者であることと相通じるものがあって、社会の構成からいって望ましいものと思う。トップランクの大切さは勿論、否定するものではないが、常に控えめに、自分のポジションで居続けることもなかなかの大業に違いない。

日本が誇る中世建築の一つである城壁も、大きい石、小さい石、中間と組み合わせた石積みが長年の風雪に耐えさせていると言われる。前にも述べたが、顕在能力はその人の実力と環境の掛け算からもたらされると考えられる。最近の能力評価のシステムでＳＡＢＣの呼称ならＢまで、つまり全体の七〇パーセント程度はプラスにすることが望ましい。三〇パーセント以上の人にマイナス点を付けているようでは制度が泣く。

未熟なリーダーは上司にばかり目が行き、中間層の大切さに気がつかないが、組織メンバーを底上げしないと本当の力は付かない。どの組織も潜在的には可能性に満ちた編成のはずだが、異能異才は組織外に放り出されているか精彩を欠いている可能性が大きい。原石の魅力を取り戻し、新しく磨き上げることをしないと中間層の活躍する本当の組織力が生まれない。

紙一重の中から選んで行う選抜研修も、メイヨーが行ったホーソン実験で明らかにされているように、選ばれたという自意識、選ばれた人たちに芽生える仲間意識、選ばれなかった人たちとの一種のステータスの違いから生じるコミットメントの高さに期待するだけのものでしかない。しかし、その一方で、このことは中間層が組織を支え組織を活性化するのだということを忘れさせてしまう甘美なエリート層を形成してしまう危険が付きまとう。国のレベルで考えても、富める者はますます富み、貧しき者はますます貧しくなる社会に多くの人は賛成はしまい。

昨年、一昨年と続けてサンフランシスコに滞在する機会があったが、貧困層の象徴とも言うべきホームレスの数は好況な経済を享受していると思われるにもかかわらず、依然として増加しているように見えた。特にサンフランシスコは、一部のハイテクリッチが吊り上げたと言われる不動産価格の高騰が額に汗する多くのワーキングクラスの生活を直撃し、フルタイムの仕事に就いていながらマイホーム、アパートメントの購入、賃借ができず、公的施設から出勤せざるを得ない状況も一時、報じられていた。どの国であっても中間層を下位に押し下げる社会は文明の発展に対する人間の冒瀆のようで、健全な人間を育てる真っ当な精神が生まれてこない思いがする。富の分配システムの不満に起因するあらゆる悪相が、社会の存続さえ危なっかしくすることに繋がりかねない。

アイディアの評価

人には得意、不得意な分野があって、本人が自分の特徴を自覚していれば持ち味となり、幅のある円熟した人間のみが持つ魅力を備えることになる。高い能力の人が、他の面で弱さを感じさせたときは軽蔑でなく、親近感に変わることが多い。自分の特技で勝負ができることは本人のためにも周囲のためにも益することに違いない。

小人数の組織では、アイディアの立案者が実行者となって全体を引っ張ったほうが説得力がある分、効果的な場合が多い。社会が複雑になり、人の好みも多様になる中で規模が大きくなると一人では限界があり組織プレイが不可欠だ。しかし、アイディアは一人が生み出すもので、独創的になればなるほど個人作業となる。歴史上名を残す名作、傑作の原作者に共同チームの名前はない。

ビジネスの世界ではラインとスタッフということになろうか。剃刀のスタッフ、人格のラインのイメージなのだが、本社、本部のスタッフが広範な業務をマネジメントするというのは現在では現実的でなく、小人数のゼネラルスタッフが全社の中長期の経営計画、財務、法務、研究開発、人事を担当し、実行については部門スタッフ機能を持つラインに限りなくシフトする、現場指導型のマネジメントになっていることが多い。

顧客に密着するラインにおいても創意工夫が必要なことは今日では当然なことだが、大きな意味において、全社の経営に影響を与えるビジネス上のアイディアは高度な専門能力が求められるゼネラルスタッフが活躍しないと本当の存在価値がない。逆に、ノーアイディアで会議資料の作成のみで終わるスタッフが中核を占める組織は、制度疲労の予備軍と思ったほうがよいのではないか。

他人が開発した新しい技術、新しいマネジメントのアイディアを横並びで導入することを得意とする日本企業の体質では、アイディアの発案者はとかく過小に評価されがちだ。アイディアを生かすマネジメントというより、量産技術にビジネスモデルを持つことが多い日本企業のスタイルではこの部分の問題の根は深く、解決は容易ではないと思われる。

世界有数のハイコスト国家である日本がグローバルな大競争の中で、今の生活レベルを維持できるようにするためには、何としてもアイディアに対する価値を高めていく必要がある。河の流れに身を任せるのも日本的でよいが、いつも都合良く水が流れてくれるはずもない。雇用拡大のアイディアとして、分別収集パトロール隊とかポリスの増員しか思い浮かばない為政者の戦略性のなさは、このことを証明する格好の事例になるが、同時に期待外れを通り越して悲しくさせるに十分である。

コンピテンシーモデル

成果主義は狙いとして間違いでないが、一般的な言葉の持つイメージと裏腹に、まだ期待に応えていないと思う。導入に明確に失敗したという話は改革のプロセス上のことなので表面には出ていないが、ドラスティックに成功した企業も同様に少ない。この理由はつきるところ、成果が定義できないところにある。その意味では、一九五〇年以降の日本の社会に認知されてきた年と功に代わる評価の基準を、未だ持っていないということにも繋がる。評価者の教育もさることながら、根源的な理由の一つとして多くの日本の組織では、専門的職種を除いて職務遂行能力の大半は結局のところ対人関係能力に収斂することが多い。

このことは能力評価の実務を混乱させている。誰もが考える何かができる能力を問うのではなく、調和型の職場では皆とうまくやる能力ばかりが前に出てしまう。このことから成果をもたらす能力評価が人間関係能力に傾斜しすぎて、他のメンバーとの比較でのスキルよりも、日頃の付き合いといった社内の人間力学に長けている人が高い評価を受けてしまい、その人たちが互助的に集団化してしまっていることが多い。この種の大多数の職場は、固有の能力差を求めてこなかったとも言える。あるのは機会の差であって、直接的に言えば、上司との関係、上司との不思議な相性によって、仕事のチャンスに恵まれれば指導、支援を受け、周囲に認知されることになる。もしそうでなかったらという場合の検証は、今までは組織能力ばかりに関心がいき、代わりはいくらでもいるという認識が一般化しているためか、個人には焦点を当ててこなかったことから意外に研究されていない気がする。

他人とうまくやれる能力も組織社会では無視できない大きな能力だが、このことの偏重の反省として現実を改革する動きがあるにしても、いきなり制度主導型で成果主義、能力主義の導入を図ること自体が、せっかくの成果主義を業績向上に結びつかないものにしている。このジレンマを打開する手段として、ご多分にもれず日本発のコンセプトでないのが残念だが、マックランドらが試みたコンピテンシーモデルの考え方は合理的である分、極めて有効であると思われる。オーナーが自前で起こした企業でない限り、多くの人の納得と能力開発に適するためには論理的であることが最低の条件となるはずだ。

コンピテンシーモデルは解説書も多々あるので内容には触れないが、一時の流行でなく定着することを望みたい。唯一の課題は、ハイパフォーマーの評価を得た人の真似をする人を多数輩出しても、組織全体としての成功を約束するものではないと言えることである。成果を上げる一人一人の行動と組織の業績の関係は、日々の試行錯誤に似た成長に向けての継続した改革の取り組みを、全員でいかに高感度で実行していけるかにつきることは論を待たない。

3. キャリアアップとの対峙

異動でリセット

従来から日本の会社で行われている人事異動は、行政機関と終身雇用を前提としていた民間企業の両方で便利な制度として機能してきた。今後は仮に、新任地に異動することにより過去果たし得た実績を上げることができない環境が生ずるならば、成果主義の報酬システムではいずれ減収の恐れが生じることになるが、終身雇用を維持する限り、経済の変動に合わせての使用者側の異動の要請と評価制度の相克が避けられないことになる。

成果主義の今後は、ローテーション型の異動にも社員側のノーが通用する時代になるのであろうか。逆に経営側として、異なる環境でも従来以上の成果を期待しているから異動させると強弁を続けるのであろうか。例えば、営業職の場合、顧客構造が変化するといかなる敏腕社員でも前任地と同様の成果を出すことは難しいと思ったほうがよい。異動を決めるのは本人ではなく組織、つまり上司だ。そうなると組織で働く人の高い評価は本人固有のものでなく、上司との関係を含めた所属する職場でのみ発揮できる環境一体型のスタイルと言えるのではないか。

このことは、国家が資格を認定している弁護士、医師、さらにはプロフェッショナル型の職種、プロスポーツ選手のように組織が変わっても同じように能力が発揮できる職種とでは根本的に様相が異なる。最近、労働の流動性を高めるための環境整備もあって、オフィスワーカーに対する国のガイドによるスキル認定制度も実施されてきたが、大多数のオフィスワーカーが従事する職場では自社内でのみ通用するスキルが多く、会社を離れれば売れるもののない社員になってしまっているのが事実だ。

構造改革の議論で、失業者向けのセーフティーネットとして失業保険給付延長、技能訓練が対策として度々言われているが、文字どおりの現場職なり各種取り扱い主任資格者を求める職種は別として、条件の良い職に就きたいという求職者のニーズを満たしているとはとても言えない。繰り返すようだが、日本の大多数の職場で求められている技能は、皆と仲良くやることが最大のものだ。端的に言えば、日本語のネイティブとしての日本語能力とパソコンが基本で、それ以外は行政が定める職業資格を除いて何も求めてこなかったのが実情ではないかと思う。

今後は、職業訓練の方向を国際競争力を持つ日本の経済力を高める産業分野、職種で、能力がリセットにならない異動の必要のないビジネスにフォーカスした、知的所有権が取得できるくらいのレベルまでの人材の育成環境の整備なり方向づけが極めて大切で、一日の遅れも許されるものではない。

離職の理由

人材に関する研究会で話題になりやすいテーマの一つにリテンションがある。ダウンターンとは言え好況の続いた米国の労働市場ならいざ知らず、悪戦苦闘の日本企業の中で本当に優秀者が処遇を不満として退職する率が議論するほどの高さにあるのか疑問ではあるのだが。

新卒者の三年内離職率は三〇パーセントが定説になっているが、その理由は成果を発揮しようのない短期間であることから成績優秀者云々ではなく、単に自分が描いたイメージが入社前と後で合致しなかったことに対応する若者の行動スタイルのことで別の話である。本当に自分のやりたい仕事を貫くため退社せざるを得ない人に対して、優遇処置で繋ぎ留めることを考えるのは施策として必要性は低いはずだ。組織を離れて、前職以上に活躍できるチャンスは就職情報誌が伝えるイメージほど高くはない。それにもかかわらず、まだまだ圧倒的に不利な労働市場にチャンスを期してトライする人の熱意の強さは、処遇の問題ではあるまい。

HRの担当者が人事制度設計の際に口にする優秀者の処遇に配慮がないとする理由づけは、リテンションの現実を適切に表現しているとは言えず、成果主義の曖昧さを増幅するだけでなく、離職の最大の原因を見落とす可能性がある。組織内で自分の行動が組織に貢献していると実感できれば、そのこと自体が人間の真理としてかなりハッピーな状態なので評価が普通以上である限り、十分とは言えないまでも納得している人は意外に多い。その意味では、処遇に不満で退職する優秀者は言われるほど多くはないと思われる。アメリカの場合でも、ペイではなく上司との関係を理由とする退職が増加している例が報告されているが、日本では労働の流動性が低いことから考えると、離職の原因の最たるものが上司との関係では、前途ある人の将来に大いなる影響を与える意味で憂慮に値する。

昔の良いスコアとナレッジワーカー

ゴルフを楽しむサラリーマンなら誰しも経験のあることだと思うが、仲間内でのスコアは、大概が自分のベストスコアを自分の実力と勘違いする習癖がある。遊びのゴルフはそれで楽しい舌戦となるのだが、フェアウェー、グリーンを含めたレイアウトは様々だし、距離の長短だけでなく当日の体調、一緒に回るメンバーの組み合わせによってもスコアが大きく変わる。しかし意識は常にベストスコアなのだ。当日のスコアはほとんどの場合、言い訳が一つ追加されるだけで終わることが多いが、ゴルフを生活の糧とする人はこんな態度では済まされない。

社会人の多くが受検経験を持つTOEICも年に六、七回は開催されているので、私の経験でも上下八〇点程度は差が出ることがあった。この場合、一度でも高得点をマークすると自信に繋がるし、そのこと自体は事実なので、高得点を励みとして更なる高得点を狙うことは意味あることと思う。しかし、大事なことは再現性であって、「なぜ」の答えを取っておかないと真の実力にはならないのではないか。同様に、業務上のエラーの場合は原因探しを徹底しないと仕事の品質は改善しない。

このことは単に直接的な要因だけでなく、人間の感情を含めた社内外の人とのやりとりを含めて学ぶ必要がある。成果を生む行いも全く同様に、なぜそうなったのか、良い悪いの両方で、徹底分析することによってのみ再現、改善への道を歩むことができるのではないだろうか。そう考えるならば、昔の良いスコア、言い換えれば昔の職場で発揮した良い結果は、そのことの要因の徹底検証なくして再利用できないはずなのだが、往々にして人はここの部分が欠落し、分析しないまま一時の成功の過信のみがいつまでも記憶として残ってしまうことが多い。

ある部門の高業績を果たしたリーダーが次の職場でも良い結果を出すことを期待するのは当然だが、そのことの保証は何もない。自らの成功体験をゼロから洗い直すぐらいの柔らかいヘッドワークと、強い自己成長意欲を持たないと新しい環境の克服は難しい。過去の成功話を意味なく職場で話したくなる誘惑に勝たなければならない。

ビジネス書の上では、相当早くからオフィスワーカーはナレッジワーカーとして働くことが当たり前になっているが、現実の職場ではどうなのか。仕事に必要な情報は社内のイントラを通じて入手することはできるだろうし、市場、経済の動きも経済誌をはじめ、その気で注意をそらさなければ情報量としてはかなりの蓄積ができるはずだ。しかし、最新の情報を活用しながら実際の自分の担当業務に落とし込み、所属部門の組織を通して上部組織に貢献できるアウトプットが出せるためには、この情報の多さだけでは駄目なことも大方の組織人なら承知している。

上司、周囲に対しそれとなく行うプレゼンが必要で、それがなければよほどの幸運に巡り合わない限り仕事が回ってこない。その後は周到な根回しを経て、その頃には新鮮なアイデアではなくなっていることもあるが、組織的に認知されることになる。同時に、決められたことを整然と間違いなく繰り返し実行する仕事も組織には求められる。このことを無視して現場が回るわけはない。それであるならばビジネス書が書く目指すべきナレッジワーカーとの接点はどこに求めるべきか。自己の所属する組織が永久不変と思わず、自分の担当業務を継続しながら、更なる改善を自己の喜びとして考えることでしかないのではないか。

内向きの誘惑に逆らいながら、次なる変革を目指す気力をどこに求めるべきなのか。このことに対し解を持ち得る者こそがナレッジワーカーの有資格者だと思う。その意味では、数冊の読書と平凡に日常業務をこなすだけでナレッジワーカーの資格者たれるわけでもなく、ナレッジワーカーだけが昇進を保証されるわけでもなく、個人の生き方の問題になってくる。ただ、言えることは、このナレッジワーカーの存在なくして今後の組織の発展は有り得ないということだけである。

情報への感度

資料を集めるばかりで結論を出さない人は、パラサイトタイプに育ってしまったのだろう。結論を出すには情報が少ないと発言する人は往々にして、情報の量でなく決定に伴うリスクと向き合うことを無意識に避けているだけの人たちであることが多い。

勿論コアの情報は外せないが、情報の品質を判断できる力は問題意識の持ち方で決まると思う。意識がなければ、見ても見えずとなり見逃す情報が増える。結果が出せる人とそうでない人の差はその点が大きく影響する。何でもないように思える日常的な資料でも変化の兆しを嗅ぎ取り、そのことに関連するデータを分析することにより、自分の立てた仮説あるいは傾向から事態の変化の方向を認識し、タイミング良く方針を出せる能力は優れたトップに共通の資質としてよく見られる。

情報を集めることだけに執念を燃やしている人は目的意識が外れているのか、精確な分析を目指すのは分かるにしても資料を重ね束ねることで安心し、そのことが習い性となって本人の満足に繋がっているのであろう。組織が新しい価値を何も創造せず書類作成機関に成り下がる

郵便はがき

恐縮ですが
切手を貼っ
てお出しく
ださい

1600022

東京都新宿区
新宿1－10－1
（株）文芸社
ご愛読者カード係行

書　名				
お買上 書店名	都道 府県　　市区 郡　　書店			
ふりがな お名前			明治 大正 昭和　年生　歳	
ふりがな ご住所	□□□-□□□□			性別 男・女
お電話 番　号	（書籍ご注文の際に必要です）	ご職業		

お買い求めの動機
1．書店店頭で見て　2．小社の目録を見て　3．人にすすめられて
4．新聞広告、雑誌記事、書評を見て（新聞、雑誌名　　）

上の質問に1．と答えられた方の直接的な動機
1．タイトル　2．著者　3．目次　4．カバーデザイン　5．帯　6．その他（　　）

ご購読新聞	新聞	ご購読雑誌

文芸社の本をお買い求めいただき誠にありがとうございます。
この愛読者カードは今後の小社出版の企画およびイベント等の資料として役立たせていただきます。

本書についてのご意見、ご感想をお聞かせください。
① 内容について

② カバー、タイトルについて

今後、とりあげてほしいテーマを掲げてください。

最近読んでおもしろかった本と、その理由をお聞かせください。

ご自分の研究成果やお考えを出版してみたいというお気持ちはありますか。
ある　　ない　　内容・テーマ（　　　　　　　　）

「ある」場合、小社から出版のご案内を希望されますか。
する　　しない

ご協力ありがとうございました。

〈ブックサービスのご案内〉
小社では、書籍の直接販売を料金着払いの宅急便サービスにて承っております。ご購入希望がございましたら下の欄に書名と冊数をお書きの上ご返送ください。（送料１回380円）

ご注文書名	冊数	ご注文書名	冊数
	冊		冊
	冊		冊

郵便はがき

恐縮ですが
切手を貼っ
てお出しく
ださい

1 6 0 - 0 0 2 2

東京都新宿区
新宿1－10－1

（株）文芸社

ご愛読者カード係行

書　名			
お買上 書店名	都道府県　市区郡　書店		
ふりがな お名前		明治 大正 昭和　年生　歳	
ふりがな ご住所	□□□-□□□□	性別 男・女	
お電話 番　号	（書籍ご注文の際に必要です）	ご職業	

お買い求めの動機

1．書店店頭で見て　2．小社の目録を見て　3．人にすすめられて
4．新聞広告、雑誌記事、書評を見て（新聞、雑誌名　）

上の質問に1.と答えられた方の直接的な動機

1.タイトル　2.著者　3.目次　4.カバーデザイン　5.帯　6.その他（　）

ご購読新聞　新聞	ご購読雑誌

文芸社の本をお買い求めいただき誠にありがとうございます。
この愛読者カードは今後の小社出版の企画およびイベント等の資料として役立たせていただきます。

本書についてのご意見、ご感想をお聞かせください。

① 内容について

② カバー、タイトルについて

今後、とりあげてほしいテーマを掲げてください。

最近読んでおもしろかった本と、その理由をお聞かせください。

ご自分の研究成果やお考えを出版してみたいというお気持ちはありますか。

ある　　ない　　内容・テーマ（　　　　　　　　　　）

「ある」場合、小社から出版のご案内を希望されますか。

する　　しない

ご協力ありがとうございました。

〈ブックサービスのご案内〉

小社では、書籍の直接販売を料金着払いの宅急便サービスにて承っております。ご購入希望がございましたら下の欄に書名と冊数をお書きの上ご返送ください。（送料１回380円）

ご注文書名	冊数	ご注文書名	冊数
	冊		冊
	冊		冊

例はスタッフ部門に共通する性質だが、不況時は特に頻度を増す。国民を相手にする行政機関はあらゆる想定のためにという説明も成り立つが、民間会社でこれをやると利益を稼いでいる仲間に対する背信のようなものだが、当事者は真面目で、一生懸命なだけに自覚が生まれ難いこともある。

自らのビジョンが創れないため、情報の量が増えると解説版を求める幹部が出てくることも同様に、情けない行為となる。業界用語の解説を含めて、部下が上司に対し「ご進講」のように繰り返さざるを得ない状態になってしまうと、「ご参考資料」の作成者が一気に増加して、健全指数とも言うべき競争力のある組織の状態からはほど遠いことを認識する必要がある。

情報の利用、活用こそリーダーの目指すべき努力の方向で、部下の加工した情報でないと理解できない幹部は最早その任でないことを知るべきなのだが、この辺りの判断は微妙なことも多い。このためには絶えざるミッションの自己点検と組織能力の継続的な維持、発展に向けた自己の精進が求められる。早期退職優遇制度とは本来、この種の人に適用すべきものなのだが、実体は優秀な中堅クラスが活用している例が多くあるのは、日本のビジネス慣行として、何とも説明の難しい現象である。

第四章　儲かる会社の起因

1. ヒューマンキャピタルへの期待

人材を育てる

不祥事が組織に起こると、トップが対策として社員教育の強化を行うとよくマスコミに報じられる。このことは二つの意味で問題がある。一つは教育とは日常的に行うもので、付け焼き刃的に行うものではなく、これは方針の徹底にすぎないこと。二つは教育であるためには再発防止に向け人の行動が自発的に変わらなければならないが、指示、命令で変わるのは教育というより業務命令であること。本当の原因は教育不足というだけでなく、マネジメントが杜撰であっただけのことであろう。マニュアルを作り、運用を強化するだけでは事故を生む体質は変化しない。体質を変えるためには、日常業務の中に今までと異なる態度を生み出すための能力開発の時間割がなくてはならない。

仕事は絶好の勉強材料だが、競合会社とのベンチマークを行い、最高の結果を出さなければならないというプレッシャーの中で、最適の解答が求められることは能力開発に良い環境とばかりは言い切れない面がある。現場を離れてオフサイトでトレーニングすることによって、むしろ現場知が誘発されるのではないか。このプロセスの繰り返しが、人に適度の刺激とやる気を植えつけ、その人にしかできない能力を引き出してくれることが多い。その意味では、時間のかかるものだと覚悟するしかない。火事場仕事のように応急的な対応で、既存の現場知がドラスティックに向上するとは考えられない。

どうして不祥事の場面になると判で押したように教育の話が出てくるのか。責任者は誰しも、自分に責任が及ぶことになりかねない組織全体への波及を避けるためか、職務遂行基準を逸脱した個人のミスと強調する傾向が強くなる。このことは、不祥事を繰り返さないために体質を変えるという根本的な対策をおざなりにし、教育の徹底という月並みな言葉しか残らないことになる。このような次元の低いところで教育が語られることになる理由の最たるものは、過去に自分が体験した詰め込み教育の弊害か、教育カリキュラムを考える教育スタッフのアイディアのなさの故もあると思うが、技術、スキルといった技能教育を除いて、日本の企業内教育では、焦点が定まらない時代が長く続いたことによると思う。

教育の必要性を漠然と感じても、何を教えるかについて確たるものの議論がなかった。技術教育を別にすれば、マネジメント、リーダーシップ、セールス、プロジェクトマネジメント、組織変革、創造性開発、問題解決といった課題対応型と、新入社員、昇格者研修といった階層別教育の二本立てが主な編成だが、職業訓練のイメージが強いせいか、雇用のセーフティーネットで語られているような技術、技能習熟に特化した研修にしか価値を認めてこなかった。そのため、何かの技術、技能の習得、資格の取得が企業内教育の主なる土俵であった。

もとより、業績不振の企業に必要なことは成果を出せる人と組織だが、そんな資格が世の中にあるわけではない。一定期間、その組織の中で、現実を見つめながら明日に向けて努力をし続けられる人と、その種の人物を適切に遇する組織風土こそが再建の決め手だと思われるが、現実は外部の市場環境の好転を期待し、経費削減で逃げることが多かった。含みの減少など社内留保が激減してきた今後は、この種の方策だけでは耐えられまい。社内の人間関係ゲームに参加して、神経も体もすり減らさなければならない組織は、市場からの退場という形で、そのレベルの低さを一般に認知されることになるのだが、この非生産性を職場内で教えることは極めて難しいのではないかと、いつも思う。

一直線にゴールを求めて進むチームプレイが求められる職場で期待できるのはせいぜい改善のレベルで、改革的な変更は従来の方法を否定せざるを得ず、こんなことを受け入れる職場の上司、同僚はまずいない。成長するためのマネジメントとは本来、反対の概念を受け入れることが求められるのだが、職場内では自己矛盾を起こしかねない。この機能を補完するのがオフサイトの気づきだと思うが、理解している人が少数派であり続けるのは過去にその種の体験を持たない人が多数なのであろう。

かつては社内で、経験豊富な役職の上下とは関係のない先輩に接する時間的余裕が比較的多くあり、トラブル対応あるいは日常のなにげないやりとりの中でも啓発される場面は多かったはずだが、ウェッブによる効率化、中間層の排除は時の流れとは言え、この種の副次効果を確実に減少させている。何年かに一度、決して偶然ではない大きなトラブルが発生、会社の存続を問われるような大事故に見舞われることがあるが、それはリスクマネジメントというのではなしに、仕事の品質を決める人の品質を向上させることに注意を怠った欠陥マネジメントの結果と言えば、断定的にすぎるだろうか。

人材開発スタッフの責任

企業である以上、業態、規模を問わず利益を創出しないと存続できない。そのための、未来に向けた成長のための企業ビジョンの設定とビジネスモデルの確立に向けた全組織をフルコミットさせていくプロセスは、社員の能力次第で成果が左右されると言ってよいのではないか。日々が過ぎることにより利益を生む金利ビジネスでは低コストの資金調達力と与信の調査の要素が大きいが、消費者に向けて自社の有利さを認知してもらい利用促進を図る仕組みをローコストでマネジメントするためには、相当のコンピテンシーを持つ人材が不可欠であるのは当然だ。

ヒューマンキャピタルと表現される組織の実体は、その意味で人の特長そのものと表現できる。同じコストであればアウトプットを極大させることを考えるのは当然であるし、そのこと自体が、かえって気分を高揚させ向上意欲を増大させることは誰しも経験していることだ。成果の最大化のプロセスはコンピテンシーの向上と説明してもよいと思うが、複雑な組み合わせになるのは意欲、スキルとも固定でないことによる。

職場における人の心理の変化は、メイヨーのホーソン実験でもアージリスの衛生理論でも説かれていて、無視できない大きな要素だが、変化することが常態なので成果の実現に向けて気力を充実させることが大きな目標となる。成果に影響する他の要素のスキルについても、能力開発の対象であることからも分かるとおり、固定のものでなく成長を前提とするのは当然だ。このように考えると、企業の存続の前提である利益の創出の決め手は、言い古されているが人が全てということになるのだが、不思議なことに、人の価値増大に最大限の努力を傾注していることとイコールではない。

人材開発スタッフの機能としては、企業目的実現の戦略を担う人の採用、確保、能力開発、業績評価のシステム、レイオフの実行でHRスタッフが最も戦略性を発揮すべきは、自社に相応しい人の採用あるいはアウトソースの活用を含めた必要人員の確保、維持ではないだろうか。三〜十年前に採用した新入社員が、その後、自社組織の中でどれだけの活躍をしているかをH

RPの評価のポイントにする考え方もできる。一時期多かった縁故採用、形ばかりの診断テストと妙なる学力無視の人物評価を排して、真に合理的で未来の自社を託すに足る人材を獲得するという使命こそがHRPに求められるもので、欠員補充レベルの採用を繰り返して、人材がいないと嘆くのは愚かしい言動と言える。

今後は、終身雇用制の良さ、日本社会での価値を十分認めたうえで企業の競争力強化の視点から、人員再編成に向けた必要最小限のレイオフの要請はますます抗し難いものになると思われる。レイオフが企業組織人としてこの世の終わりではなく、次のキャリアパスとして生きるような配慮をレイオフの可能性のないときから考えておく必要性が高くなる。安易とは言わないまでも、本人から見ればほとんど意味も感じられない異動を発令し、四十歳以降の年齢で結果としてレイオフせざるを得ない状態になれば誰が責任を取れるというのだろうか。

数年前から、HRの世界では個の自立がトレンドだが、現実の会社組織の中ではまだまだほど遠い状況を見聞する。世の中は各論になると利害が一致しないことは不思議ではないにしても、自分を犠牲にしてまで他人の立場を擁護することを共通的に期待することも考え難い。自分が痛まぬ範囲内の配慮は行うが、これは他人を支える行為から出たものではなく、裁量の自己満足を得るためのものと言えなくもない。ならば組織社会のルールとして自己責任という共通の判断基準を徹底する必要があるのではないか。

貸し借りといった価値尺度でなく、風のない夏の陰湿な部屋で汗がにじみ出るような圧迫を感じさせるでもなく、フェアという言葉に快く反応できるようなビジネス上の個人であるべきではないのか。所属する組織を応分の責任を通じて支え合う姿は美しいが、一方的な寄りかかりは見苦しいだけだ。頼ってくる人が一様に能力が低いのではなく、単に気がついていないということも大いに有り得るので、自覚を促し勇気づけを行い、何がしかのアドバイスを添えれば立派なメンター活動と言える。

組織でビジネスを行う以上、人の問題を抜きにして何事も成立しないにもかかわらず、人を単なる労働力のコストとしてしか見てこなかった時代が長く続いたと思う。コストであれば安いほうが最大の値打ちなので、大量に品質にばらつきのない従順で使いやすい社員を多く採用することでよかった。しかし、現在の需要不足とバウンダリレスな競争構造では、コストではなくアセットとして見る考え方を強くしないと会社として存続できない恐れがある。他社と異なる価値を消費者に向けて提供できることが競合に勝てる方法であり、そのためにはコストだけでない、言わば経理上の処理を超えた競争力の根源としての位置づけを人に与えることが極めて大切な経営手段となってきた。

将来に向けて、自社ビジネスのビジョンに適合する人材の確保と、緩急時の適切で筋肉質な体質にすばやく対応できる仕組みを常に用意しているＨＲＰこそが、時代の要請に応えることができる人に違いない。

学ぶべき対象

企業内研修というとスキル教育が大事と短絡して考える人がいるが、例えばパソコンが使える、英語が話せる、各種機械の取り扱いができる、といった社員をいくら増やしたところでその企業が利益を稼ぎ出すことを保証するものではない。自動車の運転免許証を持たない成人が珍しいように、日本に生まれ育った人なら日本語のネイティブスピーカーであるのと同様、競合市場で他社との差別化ができるスキルではないからだ。このようなスキル研修しか行わない企業内教育体系では、費用をかけて社内で行う必要性は極めて低いと言えるだろう。

今迄できなかったことができるようになる技能研修は、受講生にとっても供給側にとっても実施効果が把握しやすく、達成感が得られるかも知れないが、学習の到達水準を他の誰かの習熟しているレベルに引き上げるだけのことで、皆が横一線のスタートラインに立ったということでしかない。研修の到達目標を、スタートができるというレベルで満足することも間違いとは言えないが即、良い業績が得られると思うこととは当然、別問題である。現実は、無から有あるいは有から無の相克を経て、新しいアイディアなりコンセプトが生まれ、そのプロセスの中で得られる態度能力の向上が求められる。リポート上手で下に強いだけの、一見優良そうに見える社員がその実、良い子ぶる寄りかかっているだけの集団に対し、成果とは何なのかを遠慮なく徹底的に議論ができる風土を作れる組織のみに将来の発展が約束されると、私は思う。

成果の意味を組織の存続理由から問わない限り、集団的パラサイトに侵されるだけで一時の勢いか形式に終始する恐れが強い。その意味では、トレーニングコースとしてタフな設計にすることが不可欠だ。一時期流行した駅頭での大声訓練とか清掃奉仕、夜も寝かさないでタスクの仕上げを迫る精神改造型の研修コースは、ここで言う適切な研修とは目的が異なるものだ。

その人が持つ性格、気質の本質的な部分は〇～三歳までの形成であろう。そしてその後は不変と考えるしかない。唯一、変化するものは学習、知識の追加による累積効果からくる考え方の方向なり範囲で、学習があってこそ人間は人格が形成できる所以となるのではないか。

生き物である人の生育に必要な睡眠時間を削ることで長期にわたり益する学習ができるとは思わない。それはまた技能研修でも同じで、自動車の運転免許欲しさの教習所通いで人間が成長したということを聞くことはない。パソコンの利用技術もその意味では同じだ。道具が使えるようになったことの価値はあるが、何かを生み出すためには別の内なる情熱を点火させ、修練させるための考え方の道筋を教えることが必要になる。情報の収集の仕方、問題点の分析、なぜを問う勇気、進歩改革に対する熱い信念、他の小楽を捨てる精神、一定期間の継続性、計画性、人間としての器量の大きさなりを学ぶ高質に設計されたトータルなトレーニングプログラムが大切だと思う。

ビジネス本来のゴーイングコンサーンとしての姿を継続性として捉えると、ドラッカーが言うように「顧客の創造」につきるが、顧客を創造でき得る企業のみが生き残れると考えれば、そのことを実現できるのは社員を除いて他にはいまい。会社が不振のときにパソコン単体の取り扱いのような研修をしても、効率化、スリム化のための社内ＬＡＮを走らせるようなビジネスプロセスの変革を求めるシステム的導入を除いて効果はない。それとても研修という大袈裟なものでなく、取り扱いに習熟した若手社員をインストラクターに、簡単なマニュアルを併用した説明会で済ませるであろう。その意味で、スキル中心のカリキュラム編成は業績改善に効果は期待できない。それにもかかわらず実施されるのは、教育スタッフが経営の戦略から遊離しているか、人材育成に向けたビジョンがトップに希薄なのか、そのいずれかの要素が大きい。

社外の専門家を外部講師として招く方式でなく、問題解決、プレゼンテーション、コミュニケーションなどのビジネススキルにフォーカスした課題対応型のコースを提供している教育会社に散発的に受講生を派遣している会社も、その意味では本質的な社員教育を実施しているとは言い難い。それはまさしく、褒賞か問題児に対する補正ぐらいの意味しかないのではないか。企業派遣で海外に短期留学を行っている企業は多いが、過去の働きに対するインセンティブの色彩が濃いと思われる。

あなた任せの教育コースで、自社に必要なコンセプトが得られると思うのは早計だ。第一に派遣された本人も周りの同僚も、何かのご褒美と思っているのではないかと思う。ましてや派遣基準も曖昧で、恣意的に行っている会社も散見されるが、リクルートに対するPR効果ぐらいで教育とは似ても似つかない意味のない出費だと言われても仕方があるまい。

成果評価の仕組みの中で、研修視察ツアーと銘打った実態を隠したインセンティブがバブル期にはよく行われていたが、福利厚生費の科目なのか教育費なのか勘定科目が異なるくらいで税務処理が変わるわけでもないのに無用な混乱を招くだけだ。ご褒美で学習の機会を与えるという考え方は、更なる見聞を高めて今後ますますの成果貢献に向けた精神的なバックアップ、あるいは周囲の人に頑張ればこうなるというデモンストレーション効果を狙って導入されたものであろうが、長期の戦略に基づかないご褒美に教育の名をかぶせることは教育への期待価値を下げるだけでなく、組織内での教育に対するイメージを曖昧にさせ、トータルで考えると組織活性化に役立ちはしない。

行為の質と結果

会社勤めの経験のある人なら、誰しも業績の好不調を経験する。年代にもよるが、大概は好況期よりも不振期の経験のほうが長いはずだ。成長を前提とする限り、対前年比の予算編成の考え方からもマイナス成長の予算を全社的に組むことは非常時を除いて少ない。そのためもあって、予算未達の記憶が強くなりがちだが、同時に、不振時には組織の正体が現れ印象に残りやすいことにもよる。不況時は、一人一人の人間の行動も変化し、仲の良さそうだったチームにも人間関係の乱れが出てしまう。一般的に言えば、不振の時のほうが好業績時より長時間働いているに違いない。つまり怠惰ではなく、従来のやり方で結果が出なくなっているのだが、方法を改めるというより過去に成功した記憶にある方法を、より徹底して行おうとするためだが、このことはよけい疲労感を増し努力に比例する成果を生み出すことに繋がらないことが多い。

過去のパターンでは、制度、機構の改革、若干の新商品の投入等あるものの、多くは他力の要素で業績が回復し、再建軌道に乗るという意外な事実に気づく。この理由は、景気循環の好不況が全企業に等しく恩恵を与える仕組みになっていたことが大きいと思う。今風の二極化、つまり勝ち組負け組の格差の拡大は、現代ほど認識されていることもなく、社員のレベルを高めるという発想も極めて希薄で、出火の後に防火対策を講じるような、その場限りの教育ともつかないトップ層の経験したサクセスストーリーが唯一語られることで済む、言わば、祈りだけとも言えるようなマネジメントの時代であった。

今までできなかったことができるようになるプロセスは、そのことの対策をずっと考えている人にとっては、研修会場で話される研修内容なりアウトプットを出すワークアウトの中に思わぬ気づきをすることが少なくない。受講側と提供側の準備量の多寡、ゴールに向けた緊張の持続がこの幸運を生むのだが、結果的に人を大切にする社風となってオープンな組織風土を作ることにも役立つ意味は大きい。

社員を鍛えるという意味で教育に熱心な会社はますます利益を増出させ、そうでない会社はますます苦境にあえぐというビジネス社会の姿から何を学ぶべきなのか。人生の大半を過ごす会社で行われていることが変われば、日本の社会が持つ閉塞感と言われるものが霧散に向けて大きく変わり得るのではないか。日本人が示す、物言えば唇寒しの教訓かどうか、人前での意見のなさか、あるいは逆に相手にかまわず一方的に自説の頑固な主張、意見を別にする者に対する陰湿な集団的排除の習性は、全て同根の現象と思えてならない。

組織という場で培養されたことにより、内部的な満足に関心が行き、自分が良ければそれで良しとする老境の心理に国民全体が染まりつつあるのか。その意味では、国のレベルで掲げる改革の中には行為と責任といった日本人の欠落した意識の改革があってしかるべきと思うが。

貧すれば鈍するというたとえどおり、成果を出すための活発な議論なくして、一時的な僥倖を除いて成長することはできない。残念なことにこのことに気づいてもアクションが取れない組織もあるが、競争を通じ能力開発をベースとした組織が日本国内で多数生まれてくれば、この国の前途は明るく大きく開けるはずだ。

待ったなしの出番

企業である限り、どのような会社でありたいのかが先にこなければ、事業先行で設立はできても存続が難しくなる。利益の創出が最終にあるにしても、顧客に提供するものは何かという問いに、全社員が一致して答えられないと肝心の社員自身が未来を信ずることができなくなる。自社が提供する商品、サービスは他社との比較のうえで市場で購入されるのであるから、顧客の目から見て選択に値するものがあることが第一の条件となる。使用後の満足感によって、継続して利用してもらえるかどうかが第二の条件で、更により高い品質の新商品を継続して提供できる組織を作れるかどうかが第三の条件となる。

このプロセスの各ステージごとに、HRPの出番があって然るべきと思う。人に関しての全ての分野と言える素質ある人材の採用と能力開発、最適の組織編成、快適に働くことのできる場作りに関してHRPがうまく機能していけると会社の業績は変わるはずだ。日々の業務はラインの各リーダーのもとに遂行されるが、人の能力の開発は専門家としてのHRPと連携するほうが企業組織として望ましいものと思う。

同一企業で同一商品を同一の営業ルールで販売しながら、業績に差が出ることの要素は担当する地域の顧客構造が大きいが、要は幹部を中心とする人の差であることも否めない。過去の経緯からくる改善までの時間差はあるにしても、概ねこの法則に従うものだ。ラインマネージャーに所属するメンバーの能力開発を全面的に委ねる考えは、合理的なように思いがちだがマネージャーが等しく人の育成に適任とも言えず、適切な方法とばかり言い切れない。

全社的に適切な自己規制が働く組織にするためのマネジメントはHRPの責任範囲である。HRPは意味のない異動を繰り返すべきでないと強くライントップに主張すべきだ。四十歳を過ぎた中高年のポストのぐるぐる回しは、異動の対象となる人の経済的、精神的負担は計り知れないものがある。会社自体の異動に伴うコスト負担を考えると、そんな無駄はできないはずだが、業績の回復、本人の成長、マンネリ打破、色々の狙いを異動だけで解決しようとするので、異動期に新聞に掲載される人の数はまだまだ多く会社生活の風物詩化している。

新しいコンセプトの商品、サービスの開発を成功させるためのトリガーは、継続した情熱、熱意によるものが大きいが、本人の熱意が持続できる職場の環境、雰囲気、つまり組織風土といったものにどれだけ心血を注いでいるのかが問われている。何かを日常的に処理すればよかった成長期のエコノミーの時代から競争時代への変化は、HRPとして価値を新しく追加できなければ、労働の成果として認めてもらえない時代と言える。

研修効果の見方

企業内教育の実施効果としてはＯＪＴ、ＯｆｆＪＴの二種類に分けて考える必要がある。ＯｆｆＪＴの場合、研修目標、研修内容、受講対象、受講生の選定、研修実施の方法等が主な検討対象となる。ＯＪＴはそれぞれの職場で、業務をこなすことにより問題解決能力という応用範囲の広い組織人としての職務遂行能力を高めていくが、ＯｆｆＪＴは担当業務の枠を取り外し、共通、普遍的な知識、スキルを主として所属上長以外の講師によって実施することを指す。

教育スタッフに課せられた責任としては、実施するだけでなく研修の実施効果をどう見るかが議論の大きいところだ。研修コースは法律が定める危険物の管理、資格取得が必要な職種向けのコース以外の全ては、概ね、スキルの取得を別にすれば、気づき、考え方、行動の変革を目指したものが主なる狙いであって、副次効果として仲間意識の醸成とコミュニケーション効果の向上が期待できる内容となっていることが多い。総じて、実践力の向上が待ったなしで求められるのは当然だ。

研修を通じた社員の態度変容が業務の改善に繋がると考えるのが筋だが、業績との関係で見ると他の要素を固定化しないと明確でなく、研修効果測定のモデル化が非常に難しい。通常は三か月後、六か月後のフォローアップ研修の実施、職場の上長とＨＲＰ部門によるコンピテンシーのレビューが考えられる。研修に職場の代表を義務的に一人参加させても、よほど訓練されたリーダーがいる職場でない限り、一、二週間で研修効果は消えていく厳しさにある。

受講者が研修効果を持続させるためには職場の受け入れ度が決め手になるので注意が必要だ。職場のケイパビリティを超えてＯｆｆ ＪＴの効果が生命力を持つことは期待できないのではないか。組織全体の問題解決力向上に向けた能力開発は、リーダーを含めた職場全体で実施するのが一番効果的な方法になるので、一度には無理でもローテーションで全員が受講することがベストであろう。一番良くない方法は、リーダーが何の期待も持たず能力開発部門のスケジュールのままに行事参加型で派遣することで、組織と受講者の両方にマイナスの後遺症として残しかねない。

職場のアウトプットはメンバーの能力の積であることを考えれば、全体の底上げが何よりも重要で人材開発に手抜きはできないはずだが、経験主義からくる現場主義の信仰はまだまだ根強いものがある。オフサイトトレーニングの有効さを理解していない組織は、みすみす成長の可能性を削いでいる思いがする。

可能性を楽しむ

会社創立時に、創立者が示すバイタリティーを組織の全員が共有できれば、企業は大抵の難関をクリアできるのではないかと思うことが多い。商品、サービスのオブソリートという進歩のスピードの読み違いはあるが、ビジネスモデルの再構築を怠ったということは言えるにしても成長因子が途絶えたということではない。幼児が成長するように、無限の成長因子に恵まれてスタートする会社もそのことの結果として、規模の拡大を図らなければならず、このことが全て良いことづくめとはならない「育ての苦しみ」を味わうことになる。

一定数の規模を限定することは難しいが、一応の基準として、二〇〇名程度を境目として創業者的リーダーのマネジメントから組織依存のマネジメントに移行せざるを得なくなるのではないか。事業アイテムの増加は組織の細分化を必要とし同時に、社員の結集を必要とする。理念に基づかないばらばらな行動は、会社としての価値を破壊しかねないので、一本の軸に結ぶための基本となるイメージを会社として大切に育てていかなければならない。

小規模の場合は、トップの働く姿は直接的に見えているわけで、四六時中一緒に仕事をしていなくても、報告会議、朝礼等を通じ「気配」の分かる手段が確保されているのが普通だ。これが一応の基準である二〇〇名を超えたあたりから、部門が分かれることによるセクショナリズムと独自行動を必要とする業績主義が、往々にして結果オーライの考え方に短絡させる危険性を忍ばせる。今が儲かれば良いとする考え方を否定することはできないが、一時の高業績でなく長期に継続して利益を稼げる可能性があると社員が信ずるためには、企業のイメージを良好な状態に保ち続けなければならないはずだ。

事業とは本来継続性であり、税務の定義からしてそこから出発しているものと思う。消費者から見ても明日をも知れぬ企業からの商品の購入は望まないであろうし、ましてや、長期にわたるようなサービスの契約はしまい。そのための投資は設備が最初に浮かぶが、人への投資は更に重要だと言える。この理由は、人には意思がありアウトプットはその人の能力プラス意欲の積となると思われるからである。このように考えると人に対する教育訓練の重要性は、増しこそすれ減ずるものは何もない。小規模であった時代の家族的経営という視点ではなく、競争の中で生き残るための重要な要素として能力開発にかける信念こそが会社という組織を強くすることと思う。

OJT的教育は経験豊富なノウハウに長けた先輩が多くいて、長期の取引関係に基づき顧客との間で技術水準の高い評価なり、仕事の進め方についての絶大なる信頼関係がベースとしてあったときの育成方法として有効であったと思う。

現在風のビジネスでは、各社が特化した市場で競うスタイルなのでフロントラインは常に第一級のエースでなければならず、フロントラインの誰かの失敗は全社的規模で大きく損失を与える可能性がある。顧客も社内も世の中全体が人の品質に対し鷹揚な態度でなくなった。そのことは、最近の医療過誤訴訟に見られるように、不注意なミステークの増加という職業意識の欠落、組織機構の緩みという問題はあったにしても、人々がミスに対し許さないという考え方の変化が大きいと思う。こうした時代の流れは、ますますＯｆｆ ＪＴにより意図的、戦略的に全社員の能力開発に取り組む必要性を高めている。

メンバーたる人の総和によって、無から有を生み出すような会社を創り上げるという「信念」を組織の全員が強く信じる必要があるのではないか。現実はあなた任せの天から新商品が降ってくるような心理状態であったり、国の経済政策による期待で生き長らえている組織も多い。現有能力の維持で今以上の結果を残すことは戦う相手が弱くなることしかない。相手が弱体化することを待つのは自由だが、どう考えても現実的で有効なゲームプランではない。やるべきことは自組織の強化であって、無意味な精神主義を繰り返している組織が、まだまだ多く見られるのは残念な気がする。

独自性のあるアイディアで勝ち方を見つけないと、大規模に展開できる資本力を持つ企業が勝つゲームに、単に敗者要因として参加しているだけになる。未来に向けてビジョンを描けるのは人間だけだが、このことを考える人材の差別化をしなければ、競争の必要のない組織はまだしも、私企業では競争力の衰退はたちまち市場からの退場が待ち受けるだけである。競争力の源泉として人材の発掘、育成に経営のベクトルを合わせるべきだ。

2. スキルそして風土の変革を

焦点は組織改革

企業の競争力は、その会社に所属する人の総合力が決める。人の発揮能力は固定でなく向上も劣化もありうる。ならば、常なる向上を目指し人の能力の最大化を狙わなければならないことは自明だ。そのことは、マズローが述べるように本人の満足感を高めることであり、同時にアウトプットを具体的に享受できる組織側から見ても好ましいことで、勝てる組織のロールモデルにしてもよいくらいだが、使用者側の都合を短期的に考えると、本来、職務遂行に必要な能力を既に有した人を採用し、余計な出費をせずに利益を極大化するという考え方にとらわれることもなしとしない。

経済の成長が時間軸の中で約束されていた需要拡大の市場であれば、企業規模に応じてパイにありつくこともできたが、需要不足の状態で、競争がグローバルで行われている市場では、コストの最小化を狙うことが財務的な意味を超えて永遠の目標になり続ける。経済成長時に勝者の資格を得るためには一定の規模を必要とするが、成熟期に有効なヒューマンアセットの優劣であれば、規模に関係なく会社の付加価値を高める要素になり得る。

最近は、ぎりぎりまで人員を絞り込むスタイルが主流だが、余裕があれば全方位で構え、特定分野のビジネスに変化が生じた場合でも、選択する市場に適する人材をキープしておくことが資産としても重要なはずだ。そのことが分かりつつも温存している余力がなくなっていることから、GEモデルの後追いのような黒字部門と赤字部門の分割、得意業務だけの合併、連携を企図する企業再生策が続いているがやむを得ない決定なのであろう。縮小均衡でなく、新たなるマーケットを見つけ出すことでしか拡大、発展の可能性が得られないこと考えると、真に厳しいビジネス環境であると言える。競争強者が残した落穂拾いだけでは、当然だが会社を継続することが難しくなっている。

最終消費者向けの商品の場合、ベストワン商品しか購入しない性向は、敢えてシェア、低価格にこだわることなく、価値、効用が最高に語れる商品こそが生命の綱で、後は消費者との接点の拡大がポイントとなる。サービスを含め、新商品を生み出す能力を持つ人は、往々にして現在の評価システム上のベストパフォーマーではないことも考えなければならない。変革時代のメリットは、人材的には新しい人材要件を定義し、異色の人材像にスポットを当てる面白さがある。高度経済成長時に活躍できた人はどこかよく似た共通要素で括れるが、多分、成熟競争時代に成功に向けてトリガーの引ける人は一人一人異なるのではないかと思う。つまり、人と異なる視点でものを見ることができる人で、唯一、共通している要素は自分に対する投資を怠らず努力が継続できる人と思いたい。

共同体化が過度に進んだぬるま湯的風土の組織では、感性を磨きすぎると問題児となり得る危険性も否定できない。ほどほどに、ぼんやりと仲間と交流することが処世訓として求められ、問題点の指摘は組織の秩序を乱すことになり、ご法度になる組織は考えただけでもご免こうむりたいが、意外なことにこの雰囲気を好む人の数は少なくない。そのため、この慣性ができてしまうと通常の方法で立ち切ることは非常に難しいと思われる。これを解決するためには大きく言って二つの方法が考えられる。一つはトップの決断だが、気づいても適切な手を打たない人も多い。他の一つは組織風土の変革運動の活用である。人が能力を発揮する要素の中で、言説を超えて重症なのは現有の能力をフルに発揮できない環境を作ってしまうことである。このナンセンスの見本のような実態は想像以上に、正確に言えば、大なり小なり組織はこの症候群の影響下から逃れられない。

角が立たないように折り合いをつけ、少しばかり自分のエッジを曇らせば別に困るほどでもないぬるま湯の環境に身を委ねる考え方が身に付いてしまった人は多いのではないか。業界が好調なら良し、そうでなければ、国に対策を期待するだけの合唱を繰り返し、過去の先輩の稼ぎである内部留保を取り潰しながら、下りの坂道を仲良く歩くだけのことを続けるのは何としても避けねばならない。エッジを磨かず、走りすぎず、遅れずの不文律の実践者を打破できるのは組織変革運動の分野と言える。

数年前から、導入する企業が増加してきたシックスシグマ運動、『ザ・ゴール』の著者として有名なゴールドラットが示した制約条件の理論は極めて有効な手法だと思う。この種の変革運動は、個人で実施するものでなくチーム単位の運動として導入することにより効果的になる。従来のＴＱＣにあった、対策なくして効果だけをＰＲすると揶揄される隙間もなく、きちんと取り組めば素晴らしい効果が期待できる。ただ大事なことは、隣の会社が導入したからといった皆一緒精神の他律でなく、自社の競争構造の分析を本格的に行ったうえで自律的に導入する姿勢がないと成功度は低い。いずれにしても、物事を決める立場にある人たちの努力次第なのだが、業績が悪くなると一般社員のほうが先にダメージを受ける。このことの不条理は明瞭だが、自律を尊ぶ人の数を一人一人増やしていくことでしか解決策はない。

継続する心

人間の学習には、学習の過程で相当量のインプットの蓄積が必要なことは専門家でなくても容易に理解できる。スポーツだけではなしに、あらゆる分野での学力、スキルの習得に一定量の時間を継続することで、今までできなかったことが突然として可能となったり、疑問が氷解したことを誰しも経験する。中学生の年代なら、四月の入学と同時に入部した部活動で、体育系、文科系を問わず、先輩に迷惑をかけずに相手ができるレベルへの到達は、最低二〇〇時間程度の習熟を必要とすると言われる。つまり、毎日放課後に練習するとして夏休み前後がその時期となる。

これが閾値《いきち》と呼ばれるものだが、さらに、精進を重ねることによってレベルアップへのドアを開ける資格が生まれる。練習を継続していれば、いつか上達することを信じて頑張るわけだが個人差があって、いつのことか定かでないので、その辺りが一番苦しい。学習も同じで、一直線の上昇カーブとはならずガタガタ道を辿る期間があって、ある一瞬に跳び上がれるということがよくあるらしい。

長い間の不明が突然理解できる楽しさを経験する一方で、成果が実感できず、途中で断念することも多い。外部要因でなく、純粋に自分の気持ちだけで継続できない場合は、なぜ自分はそのことをやろうとしているのか問い続ける方法が良い解決策かも知れない。もしこの問いかけに対し、肯定的な答えが浮かぶのなら多少のブランクがあったとしても必ず戻ってこれるのではないか。後は成功したイメージを自分の脳裏に描く努力を怠らなければよいだけだ。人生はトータルではバランスが取れていて、継続して取り組んでいる人にはその間の充実感と達成の楽しみを与えてくれると、一定の年齢を経れば悟るものだ。

誤った平等感に影響されていると考えられる結果の平等主義は、下位のレベルに上位の資質能力を有する人を無理やり合わせることになり、上位者の持てる能力を発揮させないばかりか向上する気もなくさせる悪の権化のような思想に映る。この考え方は、当事者にとっても構成体である社会のほうから見てもデメリットがすぎるが、そのことに気づくためには心の葛藤を克服する相当期間の修養を必要としていると思う。

ブランドを創る

日用品でない商品やサービスの購入を決める場合、他の条件が一定であれば安いほうがいいに決まっているが、現実の社会ではこんな単純なケースは限定的である。消費者の購入意図が単にハードウエアの購入にあるのではなく、その商品がもたらす価値、効用にあるのは当然として、購入を決める他の条件についても、店舗の雰囲気、担当者の対応態度、故障時の保証制度、操作の問い合わせシステムの充実度などを瞬時に勘案することが多い。価格は、諸々の期待の合計と提供される価値を比較するときの材料として意味を持つ。そのため、単純に提供価格を安くすればよいということにはならず、顧客に提供する価値に見合う価格設定かどうかが購買を決める要素になってくる。よくある例で、都心のホテル内のコーヒーショップの異常な高価格も消費者のニーズに合致する限り受け入れられるし、そうでなければ、ホテルを抜け出し近くのコーヒーチェーン店を利用することもできる。

　コストリーダーシップとは安く提供することだけを目指すのではなく、価値ある対象を他の競争企業より安く提供できる仕組みを作ることに当然ながら意味がある。安く製造して安く販売せず、高く販売することでブランド価値を最大化することも、マーケットのうま味の享受策だし、他社の追随を許さないための手段として高価格ポリシーも有り得る話になる。

　差別化は商品、サービスの中味が競争会社のものと異なることと対象マーケットの絞りを意味するので、コストリーダーシップを持たない企業は、このいずれか、あるいは両方にフォーカスする以外、勝機は薄くなる。コスト競争のサクセスストーリーも、無給で働く社員を前提にした組織マネジメントが有り得るわけもなく、ワールドワイドで品質を下げずにより安価な製造システムを構築する力のある一部有力企業を除いて容易な道ではない。

　競争が前提のマーケットの中で、相対的に自社有利のニッチに注力する考え方は一見、理解されやすいが、選択した市場が成長すればしたで競争に強い会社が進出する可能性があること、肝心のマーケットが過熱、成熟することによるリスクの対応を常に意識しなければならないという付帯条件が付いて回る。そのための効果的な対策の一つはブランドであろう。ブランドがもたらす満足感を味わうロイヤルカスタマーの数を増加させることが今後はますます大事なことになると思う。企業の儲ける仕組みとしてのビジネスモデルを、ブランドに求めるやり方は不況になればなるだけ、最も確実で競争力が高いと思われるが、同時にブランドイメージの維持に細心の経営努力が求められるのは当然だ。

自社の強味の要素として何を志向するのかが問われるが、曖昧になる可能性を持つのは単なる商品頼みの会社であろう。仮に、ブランド力のない商品が「自社の売り」だとすると営業組織は勢いだけに頼るプッシュセールスになりがちで、顧客の満足を得る顧客視点は本物になり難い。

決められた予算の必達をひたすら叫ぶ声高のマネージャーが力を持つ、叱咤激励型の集団となる傾向があるので気をつける必要がある。この種の組織では競争力の強い新製品が出ることが業績改善の決め手なので、アベレージゴルファーのように、良いショットが出れば好調、そうでなければ次のホールを期待するだけのことで、根本的な問題解決が図られる土壌が育ってこない。

このような状態でも会社が生存できたのは、一定の需要が存在したことと、他の競合会社も似たり寄ったりという似たもの同士であることが大きい。商品の人気が落ちると業績が低迷し、そのことがさらに社内の人間関係を濃密にし、結局、会社として伸びられない悪循環に陥る宿命を持っている。企業存続の理由を問うくらいの新たなる発想の転換ができるかどうかが生命線になる。

ビジネス書を超える

ビジネス界の流行語を紹介するビジネス書は、その時代の人気を反映し、MIS、リストラ、リエンジニアリング、コアコンピテンス、CS、ビジョナリー、ナレッジマネジメントと時々に一定のインパクトは与えているものの、いずれも会社業績に直接的に役立つコンセプトを提供したものとは言い難いのではないだろうか。その理由として、この種の解説書は多分に目新しさの説明に終始するばかりで、読者の勝手な期待であったにしても、未来に向けた予測の的中率は著者の意に反して高くなかったことが多い。もっとも、実際に業務に応用するとなると、各々の組織が抱えている特徴に応じて導入しなければならないので、相当量のカスタマイズが必要なことは当然である。

業績の改善を願わないトップはいないように、ビジネス書の愛好者で実ビジネスで成功している経営者は意外に多くないのではないかと思うことも多い。読書家は大勢いるが、書店のビジネスコーナーに平積みされる新刊書に眼を通すのは、ミドルクラスが圧倒的に多いはずだ。このことは、ミッションの違いだけでなく、トップの多忙さとするだけでもなく、説明に使われる事例が圧倒的に外国人であること、現場でしか役立つものは得られないとする信条、側近のタイプにならざるを得ない部下に囲まれ安逸に流れてしまうこと、日常的に下から上がる案件の決済のみに追われる脱創造的マネジメントスタイルになっていることと関係があるのかも知れない。

もとより数千円の書籍で、ビジネスの成功ストーリーが得られると考えるのも虫が良すぎるが、それにしても実業に役に立たないビジネス書が次々出版されることから考えると、話題提供だけでなく、もう少し利用しないと著者も訳者も浮かばれない。実務経験の少ない研究者が留学経験を踏み台にして、主にアメリカで出版された書籍の翻訳をするケースが多いが、日本の企業の組織マネジメントに落とし込むことが難しく、いつも同じ企業の成功事例か単なる研究者のコンセプト紹介の域を出ていないことが理由としてあると思う。その原因としては、研究者と実業界の職業移動が米国に比べると格段に少ないことから、宝の持ち腐れのようになっていることも考えられる。成果が上がらない他の理由として、組織人にとっての最大の関心事である昇進、昇格には直接関係しない組織風土の改革なくして、新しいビジネスコンセプトの導入は機能不全にならざるを得ないことを物語るものではないだろうか。

昇進、昇格は社内の人事文化の象徴であり、社内の評価を得るためにエネルギーの全てを注がざるを得ないが、同時に所属する組織の変革がなければ肝心の組織が維持できないことを学ぶべきだ。トップダウンで組織風土の変革に真摯に取り組まない限り、社員に変革を求める作業は形骸化し難航を極めると考えたほうがよい。その限りでは、ビジネス書が示すアイディア、コンセプトはミドルの教材のレベルで、会社業績の改善に向けた解説書にならない宿命から抜け出せない。

例えば、顧客満足のケースでCSを標榜している会社は少なくない。往年のスカンジナビア航空を積年の赤字経営から救った、当時のCEOのカールソンが唱えたCS経営が紹介されてから相当年数は経ったが、コスト及び差別化という使い古された概念と異なり、提供されるサービスの品質の評価で他社との競争に勝つというコンセプトはどこか新鮮で、工夫次第で誰でも実現できそうな気を起こさせ、日本人には理解しやすい考えであった。

高度経済成長の体質が抜け切れない日本では、作れば売れる売り手市場のマネジメントに慣性が働くことが長く続いた。製造サイドの考え方で言うと、商品の売れない理由は性能、機能に競争力がないのではなく、営業サイドに販売能力がないからとする主張も根強かった。売れない時代に、例によって、欧米から輸入された「顧客満足」だが、わが国では旧財閥系の老舗で実行されていた「顧客第一」「先義後利」の考え方と基本は相似たりとする意見も多かったが、顧客満足を経営の軸としてマネジメントを変えるところまでには至っていなかったと考えることもできる。当時は当然、購買層が限定されていたことと購買力が弱いため、欲しくても購入できない人向けの割賦販売、ローンのような仕組みも相当程度に工夫されていた記録もあるが、今で言う購買人口の拡大に狙いがあったのであろう。

それに比べて、現代は物余り現象でマネーは潤沢にあるが本当に欲しいと思う商品だけを買う購買性向が強く、供給過剰がむしろ常態なので、企業として生き残るためには消費者に自社商品を選んでいただくしか選択肢がない。「売る」というより「買っていただく」という供給側が鎬を削る時代のキーワードであるCSマネジメントで成功するためには、極めて微妙な人間の真理を扱う顧客接点で、マニュアル接遇を超える感動を獲得しなければならなくなった。根本的な解決のためには、顧客のニーズを類推できる力を社員一人一人が身に付けることが何よりも重要になると思う。

私の経験した大手クリニックの人間ドックのケースでは、スタッフの言葉遣いが極めて丁寧で、混雑を別にすれば気持ち良く検査を終えることが可能なのだが、ある年、予約申し込み時に生年月日を告げた後に、一日コースか二日コースのどちらが良いですかと質問すると、それはそちらが決めることですという答えが返ってきた。たしかに強制ではなく、そのとおりなのだが、顧客の質問の意図を推し量ると適切な対応とは決して言えまい。少なくとも仕事としてドッグの受け付けを担当しているのであれば、一日コースと二日コースの検査種目の違い、所要時間、必要な経費を述べたうえで、申込者の年齢を考えた受診効果を要領良く説明できれば利益の拡大に繋がるケースも増加するだろう。顧客の前年の成績をパソコンの画面で見ることができるならば、顧客に相応の「お奨め」ができる程度の対応をすることが顧客満足に繋がる。

つまり、ＣＳマネジメントはよくあるように、顧客を「さま」で呼んだり、会社の組織図を上下逆さまにひっくり返すことのみで実現されるのではなく、真の顧客ニーズに基づく要望を供給側に属する社員の一人一人が、自分の持っている専門知識をフルに活用して、最高の品質を顧客に提供することによってのみ実現が可能となる。

この精神状態を維持、拡大、成長できる組織が高い評価を受ける組織として、存続発展が約束される資格が持てることになる。このように考えると、ビジネス書を読んで終わりでなく、一時の対策でもなく、全社組織変革の不断の努力なくしてＣＳ経営で成功することは考え難い。

顧客の目的

誰しも自分の欲しいもの、実現したいものが手に入れば嬉しいに違いない。換言すれば、人は既に手にしているものはそのまま保持して、ないものを新たに手に入れるために日々生きていると言えるのかも知れない。ただ、欲しいものを常に言葉にするとは限らない。

商談の場面であれば、顧客が何を欲しているかが認識できれば、セールス上の成功確率は飛躍的に向上することに繋がる。真のニーズを知る最も直接的な方法は、ズバリ質問だが、適切なプロービングは重要なセールススキルなので、常に練習しておく必要がある。本人が意識しているとは限らない、心の内底に潜む欲望あるいは誘因といったものに辿り着くことができれば、かなり正確にニーズを把握することは可能となる。

その秘訣の一つは、顧客の立場で考えることができるかどうかになる。顧客の顧客、顧客の仕入れ先、顧客の競合会社、顧客の属する業界の特性を知ったうえで、既に判明している情報をもとに質問を組み立てれば、ほぼ間違いなく顧客の真のニーズを発掘することが可能であろう。

現代生活の必須アイテムのような車、ＰＣ、デジカメ、携帯電話にしても、ハードウエアが欲しいのではなく、その商品、サービスがもたらすであろう価値、効用を期待して消費者は商品を購入すると考えるのはトリックでも何でもない。入場券の類もその種のコレクターは別にして、紙切れに価値があるわけではないことを思えば、このことは容易に理解できる。マニア的性能比較にこだわる人もいるだろうが、擬似満足の一種と言える。

間接部門で、資料の作成がどうしても多くなるスタッフの場合でも、自分のアウトプットとして作成した成果物の顧客（上司、他部門）は誰で、利用目的は何かと、常に考えていれば方向を間違えないことのチェックとなる。作成した資料が誰にも活用されず、結局は自分のために仕事しているだけという認めたくもない事実に気づくことも少なくないはずだ。

効果、効率を重んじる組織でも、フォーマットばかり立派で作成者の自己満足のような資料が次々と作成されている例は少なくない。資料が作成された時点で、記載された内容が実行できたものと錯覚し、思考停止になってしまい、肝心の実行、検証が疎かになるケースはよくある例だ。

組織は本来の目的実現と、そのことに要するコスト意識が欠落すると一気に自己保全に走る傾向がある。自分のアウトプットに対し、費用を払って購入する理由に答えられない場合は、残念ながら賞味期限が過ぎていると考えたほうがよい。このことは、他部門の稼ぎに徒食する白蟻集団と同義語であることを、その部門の全員が強く認識すべきであろう。全社戦略の視点で、最適化をチェックすることを、徹底して教えている組織が常に強いことは業績が証明することになるはずだ。

3. 自分の視点に投資せよ

視点の磨き方と日本語

定年を待たず、現役の継続意識を大事にしたいという自分の気持ちに忠実に、約三十五年間勤務していた会社を早期退職し、人材開発分野の勉強を続けたいという目的を持ってUCBのエクステンションに入学した。遠い昔に、フルブライトの留学制度に興味を持っていたことはあったものの、大学院に進む気はなく断念した記憶があるが、このことは永らく思い出すこともなかった。本社勤務となったときがちょうどバブル期の大量採用時代と重なり、教育研修セクションが新設されることになって初代を担当したことが昔の夢を呼び戻させた。当時は、教育ニーズの調査分析から教育体系の仕上げまで、数人のメンバーとともに作り上げたが、このとき、気になったことの一つが人材教育分野のインフラとも言える背景データ、トレーニングプログラム、更にはこの分野で活躍している人たちがアメリカ文化の中で研究開発された資料を駆使していることであった。

その後、最終的にUCBの門をくぐる決意をさせたのは企業内教育の場を通して行う業績向上に向けた自分なりの考え方に、一層の磨きをかけたいという思いであったが、特異な行動に映るのか、アドバイスともつかぬ数々の忠告の言葉と多くの質問に見送られて出発したことを思い出す。

行ってみて実際に見聞したことの多くは、従来の新聞、TV、映画といったメディアで受けていたイメージと全く異なっていて、この差は実に強烈な驚きであった。例えばピンキリの生活、紹介者次第で無理も通る融通性、公共の交通機関で働く人々の明るく信じられないほどのフレンドリーな態度、ホームレスの多さ、復旧に何日もかかる駅構内のエスカレーター、年代物のTV、エレベーター、エバリュエーションシートは改善のアイディアよりも現状の高評価をしないと機嫌が悪くなる講師、「チェンジ」を好まない人の多さ、行列を作ることには礼儀正しくとも、信号は守らない歩行者等など。こういう姿が自分だけに見えたとは言わないが、少なくとも、なぜかと問いかけざるを得ない体験は、費用なんかではない人生の価値だと思うことが多かった。

米国での研修中のカリキュラムにジョブフェアのシミュレーションがあって、レジュメを書く練習をしたことがある。その中の特技欄に、「ネイティブ日本語」と書くように指導されたことがあったが、こういう経験がないと日本語の使い手として本当に相応しい能力を有しているかどうか考える切っ掛けがない。読み、書き、話す、聞く、考えるの五つの要素の内、何が得意かは個人差があるにしても、日本国内で職業人として視点を磨くためには、一定基準の日本語のリテラシーを必要としているのだが、実際は、仲間内での会話は当然として、ビジネスの場面で使われる日本語の構成といい発音といい随分と怪しいものだと、後になって実感することが多い。考える手段としての言語は私の場合は、日本語をおいて他にない。

英語の学習に比較的時間を割いていた頃、長文読解に比べ会話がどうしてもうまくならず悩んでいたが、日本語で考えて英語に変えているから、いつまで経っても上達しないと指摘されたことがあった。全くそのとおりであるものの日常会話ならいざ知らず、成熟した大人であれば当然行う論争に、外国語としての英語で参加するレベルにならなければ、英語の学習としては不満が残る。この部分をこなす熟達の学習者には敬意を表すばかりだが、最近はむしろ、日本語を鍛える必要性のほうを強く感じる。仕事の関係もあるが、正確に理解されるように、且つテンポ良く話せること、自分の考えを取りまとめたり、実行する場面で言葉が出ないと作業が前に進まない。英語でも何語でも外国語である以上、日本語に翻訳する過程で無理が生じているのはやむを得ないが、さりとて、具体的対象のある物質語は別にして、レトリックとも言えない、理由を述べる表現や気持ちのレベルを伝える言葉は、自らの意図を正確に言い表す言い方を知らない限り、誤差を承知のうえで敢えて使うこととなる。

そのことはまた、日本語でも同じく起こるが、共通の文化的背景にカバーされることで理解が高まり共通化しやすい利点はある。その意味では、国語を持たない民族は独立国家たり得ず、そのことを考えると日本語のネイティブとして、英語でなく日本語のリテラシーを磨くことのほうが大切だと、切実に思う。

一段上へ

より広い範囲で意思決定の機会があり、そのことが関係する人たちの幸不幸に直接影響すると考えれば、求めて責任ある立場を手に入れるほうが、人の生き方だと思う。疾しいと思うことは何もないはずだ。立場が変わると、感じ方が変わる経験は日常生活でも起こるが、損得、責任の所在とかいう受身思考でなしに、幅広く全体益で考える習慣が形成でき、意欲を含めて計り知れない効果がある。むしろ、自分を鍛え成長させてくれる最大の環境要因になるものだ。

周囲から頑張れ頑張れと言われるのは余計なことには違いないが、反対の甘やかしや無関心の状態と比較すると、よほど本人の成長にプラスになる。責任が重くなる立場になって何をしたいのかという問いかけに、自らの利己欲以外、答えのない人は周囲の迷惑でしかないが、そうでなければ一段上を目指すことのほうが誠実な行為になる。冷静に考えれば、組織は上に昇らなければ自分で仕事を選ぶ可能性は低いままだし、上に行くことにより、目標の設定、方法を含め委任される領域が広がる。本人のやりがいは勿論のこと、所属するメンバーの全ての人の成長に役立てる機会が持てることも嬉しいことに違いない。つまらぬ障害に押しつぶされ、不合理な出来事に涙することが避けられれば、更なる幸せに繋がる。

限りある日時をひたすら時期を待つという姿勢だけでなく、自らを頼み、組織ミッションに向けて努力を続けていけば、必ずチャンスは巡ってくると信じることができるかどうか。チャンスの現れ方、態様は様々で見つけ方は微妙だが、長期にわたり努力している者には気づけるように、必ず鮮明な姿を見せてくれるものと思う。

組織のケイパビリティは、必ずしも、一人一人の能力が直列的に機能した結果ではない。競争のルールが同じで、一時的、短期的な成果を目指すのであれば、保有能力の高いプレーヤーを集めることがチーム作りの基本として定石になると思う。会社組織のケースでは長期雇用を前提とする組織であることと、職場での能力発揮の対象を個人別にブレイクダウンできないことが多いことから別の考え方が必要になる。職場で成果を出すためには、場の雰囲気を良くし、啓発知をベースにした、単なる足し算ではない能力が求められる。読み、書き、話すといった日本語の標準能力があると仮定すれば、高度な専門能力というものは意外に少ないことに驚かされる。

パソコン、英語は特殊能力ではなく必要条件になりつつあるし、一見、専門能力らしく見えるものでも、例えば就業規則の新規作成、給与体系、処遇制度、福利厚生などの制度設計、あるいは人材教育の体系が作れる、税務報告ができる、決算書の作成ができる、ソフトウエアのアプリケーションの開発ができるといった内容の仕事でも、ほとんどの職場では組織内のノウハウとして先輩から後輩に継承されるし、同時に、職場内のセンターファイルとして保存され活用されるのが普通だ。よしんば、特定の有能者が退社した場合でも、そのことで組織が機能不全になることは多くの会社で起こらないはずだ。そうであるならば、個人能力とは何を指しているのであろうか。一つの解は、真の課題に早く気づく能力と、他人と共創しながら結果を出す努力を継続できることではないだろうか。

組織のリーダーであれば、メンバーの持ち味を最大限に発揮させ、設定した目標の実現に向けて走り続けることができる力が最大のものだ。職務の切り売りが成り立つ例外的な職場は別として、その組織に課せられた課題が達成できるように自らの能力を発揮し続けられる人が求められる。別の表現をすれば、所属する組織で、ぶら下がり度の割合がその組織に対する貢献度より低い人が個人能力を有する人で、その人たちの数が限りなく全員に近い組織は強い組織になり得る。そうありたいと、メンバーの全員に誓わせることのできる人が真のリーダーへの有資格者の道を進むことになる。

感情の扱い

人間の感情処理は微妙で、対人関係の難しさは今も昔も大きなテーマであることに変わりないし、今後も変わることはないであろう。人間は感情の生き物と言われていることを証明するように、感情に起因する浅慮な事件も後を絶たない。エリスが論理療法の中でＡＢＣ理論として述べているように、ビリーフと表現される人の信条、行動の基準は本人の価値観と言えるものだが、心の広さ、他人の痛みを自分のものとして共感できる心の動き、冷静でいられる時間軸の長さも、このカテゴリーと考えてよいのではないかと思う。

人は感情とどう向き合うのが望ましいのだろうか。喜怒哀楽は人間性の発露と見ればマイナスのイメージではなく、むしろ、言語とともに意思を表現する手段として人間に与えられた貴重な資産と言えなくもない。感情が拗れた場合は早いタイミングで取り除く努力が必要となる。組織のリーダーで言えば、メンバーの能力を最大限に発揮させ得る職場を常に維持することであり、不愉快な雰囲気はマイナス要因になり得る。リーダーは自己の言動に影響を与える自らのビリーフに、状況から見て最適の因子を新しく送り続ける責任を持つことになる。しかし、固定観念が強くなるとこの因子が生まれず成果のゴールから見て細心の障害物になってしまう。

ミッションに向けてコミュニケーションに細心の努力を払った結果として、集中し、張りつめた気持ちの良い仕事上の緊張感が形成され、仕事の価値が造出されていく。自らの抑制のない感情の露出だけで、公私の区別もなく「私害」をまき散らしたのでは、リーダーの風上にも置けない滑稽な姿を晒すことになるので自戒あるのみだ。

人は生命の構造に似ず、気質、性格は様々に育つようだ。その中で知性と感情の発達は様相が全く異なる気がするが、人が成人になるために必要な時間と求められる養育の質は他の動物とでは比較になるまい。その中で、感情の発達は知性と比べて短期間に終わっている気がしてならない。

知性の鍛え方は、生涯学習の言葉にもあるように生命を終えるまで続くが、感情は極めて早い段階で確立してしまうのではないか。このインバランスな状態が引き起こすものは何か。長じても幼い言動を繰り返す人は多いし、感情の軋轢に起因する悲惨な事件も後を絶たない。大人になれば自分の感情をうまくコントロールできるということはなく、他人への不快さを認知できる人を求めることは、更に難しい注文になるのではないか。

感情の扱いは人の行動に直接的に作用するので、自己の向上を目指す態度は知性だけでなく、感情そのものにも大きく左右される気がする。知性を鍛える努力と感情を上手に働かせる訓練なくして、ストレスの多くなる今後の大競争社会ではうまく対応できない恐れがある気がする。この部分の基礎研究を充実させることを望みたいが、現実はどうなのか。

人として生まれてきた以上向上に向けた意欲は誰しもあると思うが、皆平等の結果への安心と、敗者になることの恐れが真の向上を阻害しているのではないかと思う場面が多々ある。この部分の心の動きは決してリーズナブルとは言えず、多分に感情的であると思う。何かの切っ掛けで、意図的にこの部分をクリアした向上心を継続できる人のみに一段上へ進むルートが開ける気がする。

幼児期はその意味で、チャレンジする心をいかに植えつけるかが親の極めて大切な役目であるに違いない。

コンテインジェンシープラン

一生をありのままに、何の作為も加えず水に流されるように生きていくことを実行している人もいるのであろうが、私には大物すぎて実体が判然としない。それよりはむしろ、対象は問わず、自分で決めた目標に向けて、語りかける夢を心にイメージして、自分を励ます好きな言葉を大切にしながら、日々生きていくことのほうが人間的で価値がある生き方だと私は思う。

先日、某紙に掲載されていた高校球児が書いた「将来の夢」「好きな言葉」の特集を読んだが、一、二校の例外を除き、十六～十八歳の青年が持つ新鮮な夢と、これだけは譲れないとする気迫の言葉を多く発見することができ、しばし明るい気持ちにさせられた。

プロセスは目標を追いかけるときにのみ語れるものだと思う。仕事の場合でも現状の分析を加えた後、何をどのように、いつまでに、どれだけと目標管理的に展開し、メンバーと共有化することが不可欠になる。そのプロセスで発生する不測、不可能、可能を含めて何にどのように対応するか、予め対策を講じておくことが大切なのは当然だ。このことは、頭では理解していても現実は幸運の綱渡りになることが多い。苦しいときの神頼み、国頼みの発想からなかなか抜け切れない。

不測事態の対応とは言葉だけのスローガンでなしに、リーダーの責任として実行されなければならないものだが、四季の巡る風土に住む日本人には、冬の後は必ず春で、冬の次が更に厳しい冬になる可能性のあることは、とても受け入れることができない考え方なのかも知れない。最近の流行言葉の「構造改革」と「痛み」も「構造改革」が目指す競争激化の社会を作ることに関して言えば、更なる痛みがくる可能性もあるのだが、そのことに備えている人の意見は紹介されていない。

第五章　自らを頼れよ

1. 人を磨く職場

闊達な雰囲気

人間の気質は様々で、本質的にも現実的にも、職場はその人たちが織りなす人間の営みの場となる。好き嫌いと簡単に言うが、その内実は、その人にとっての相性、価値観、能力といったものが密接に混ざり合っている結果の表れであろう。趣味、スポーツであればその人の好みというのではなしに、その対象にどれだけの適応力を持っているかによって決まってしまうことが多い気がする。時折見られる、一つの壁を克服したことの喜びが、そのことを継続させることに繋がることもあるが、所詮は人並み以上にこなせるかどうかにつきるのではないだろうか。下手の横好きという場合も持続性が特性の一つで、立派な能力と考えたほうがよい。

簡単な行動モデルでは、意思決定の場面で人間が頼りにするものは直感、感情、事実、論理の四種類に分類されているが、会社、団体等の組織により分布の偏りが共通的に見られることは興味深い。このことが組織風土と言えるのであろうが自組織はどのような傾向があるのか考えてみるのもよいのではないか。人の能力を最大限に発揮することが求められる職場はどうあるのがベストなのであろうか。

個個人の能力を発展させるには、過度に同質化した集団は適さないのではないかと、常々感じることが多い。サークルのように気持ちが融合してしまい、心の持ち方に緊張感が生まれない分、どうしても、ぬるま湯体質に堕落しやすいことなのか。異体質を持つ仲間が目指すべき目標の共有化を図りつつ、ゴールを達成したときの楽しみは仕事の充実度としては最高の味わいになるはずだ。職場の「場」はそういう場として、実現ができると本当の人生の楽しみに繋がると思う。

過去に自分が試みて達成できなかったことを、他人がいとも簡単にやり遂げる姿や、上長のコーチングにより実現できた満足感で人は成長を動機づけられ、環境の素晴らしさを実感できるのではないか。アメリカの例でも、予想に反し自宅で勤務するテレコミューターの数が増加しないことの大きな理由は、協業しないことからくるパフォーマンス及び昇進の不利と指摘されている。意外な感じもするが実態はそうなのだ。

洋の東西を問わず、自己をエキサイティングさせ、成長をすることに興味を感じない人間は考え難い。その意味で、人の集まりである職場が大切なのは自然なことだと思う。スキップとは言わないが、それに近い精神的高揚を持って出社できた日を、今はともかく、懐かしく思わない勤め人はいないだろう。

職場の雰囲気が素晴らしいということは、各メンバー間の公私のコミュニケーションが適度にあること、新しいスキルが身に付き自分の成長が実感できること、勇気づけ、エキサイティングさせてくれるリーダーがそこにいること等であろう。

職場とは多くの人が経験しているように、上司、先輩、後輩、同僚がいて、過去の経緯に精通している人、そうでない人、よく考えてから発言する人、そうでない人、他人の意見に対し理解の早い人、そうでない人、見えない問題を先々考えている人、発言してから考える人、それでも考えない人、他人の感情を重視する人、自説に固執する人、上司に阿ることが自然にできる人、そうでない人たちが重なって生きる、会社という本来成果を出さなければ生き残れない人生最大の時間を過ごす場であると思う。

その場が楽しくなければ、生き地獄となることは容易に想像できる。自分が刺激され相手も刺激する仕事を通した鍛え方こそ人間の至福の一つであると考える人たちに、実践としての場を提供するものであると思う。

ベネフィットの効用

終身雇用制度の象徴のような、退職時に支給される退職一時金の原資を積み立て置く方式ではなく、月額の給料に折り込み先払いするシステムは、税制を別にすれば一見、合理的で人気を得ているようである。雇用環境の変化に伴う退職金規定の制度変更は別にして、給料の高低は人の勤労意欲に影響を与える要素として効果的なのかどうか、給料の額を多くするのに比例して、人は完全燃焼度を高めるのだろうか。給料の多寡は過去の成果に対する報酬として正当性を持つが、これからの勤労意欲に繋げる要素としては不確実性が高いと思われる。

人が活躍する職場の活性化のためには、人が最大限コミットできる組織環境が必要になる。人の行動はレヴィンが言うように、その人のパーソナリティと環境の積だと考えると、人の行動に影響を与える要素として他人が介在できるのは環境の改善しかない。その延長線上で、給料と給料を含めた有形無形のベネフィットを環境要因としてどちらが有効か比較すると、長期的に成果に連動しやすいベネフィットのほうが、数段、社員の達成意欲を高める効果が期待できるのではないかと思われる。既に設置目的の意義を失いつつある福利厚生施設の社宅、保養所、運動設備の類でなく、業績に直接反映されるものが最も効果的な施策になるはずだ。なかでもストックオプション、教育研修、住宅取得向けの援助の比率を高めるべきものと思う。

アメリカにおける身近な例では、ハウジングのパッケージを取り入れる企業が多いのはリテンション効果が高いためと報告されている。プログラムの中味は頭金、ローンの金利の援助と様々であるが、数年の勤続を義務づけているものが多い。その他のベネフィットとしての長期研修制度も勤続年数を基準にしていることは最近の日本企業の動きと逆で、興味深い現象である。ハーツバーグが述べているように、報酬だけが職業意欲の向上に繋がると思うのは勝手な期待のようだ。二億円の年俸のプロスポーツの選手が四億円に昇給したからといって、二倍の働きが期待できるわけでもなく意欲が二倍になることも考え難い。せいぜい、一か月か数か月、トップ選手の仲間入りができたことの喜びに浸るだけのような気がする。年棒は変えずとも、達成感、周囲からの期待に応えられたという充実感の証になるタイトル、出場試合数といった実績をベネフィットとして基本年俸に大幅に加算したり、FA資格の取得などに連動する方式にするほうが確実に意欲のアップに繋がると思うのだが。

一般企業でも、給与以外のベネフィットの導入を考えてよいのではないか。ランクを積み上げると上級者を高くしなければならないが、成果と連動しない賃金のシステムは給与源資の適切な配分とは言えないし、結果として組織に寄りかかる顧客視点でない社内志向を助長し、職業人としての個人の成長意欲を歪にしかねない。それよりも、成果の透明性と制度の合理性を問う仕組みのほうが、人の意欲に働きかけるものが多いはずだ。

目標管理と慣性

ドラッカーが『マネジメントの実践』で提唱した目標管理制度は、四十数年を経て日本のマネジメントに概ね定着していると思うが、制度を運用する側と社員として利用する側とも問題なしとはしない。他人から強制されるよりも、自ら合意した目標に向けて自己管理で取り組むほうが、動機、意欲の点からも望ましいのは当然だ。しかし、目標への取り組みだけでなく、結果に対する評価が絡むと状況は一気に複雑化せざるを得ない。

目標の設定は常に自分だけの理由であり得ず、事業環境の変化、全社方針の変更の問題、部下の育成目標のウエイトなどを全社バランスの中で決めなければならないことも多い。更に激変する外部環境は、配属部門の好不況に直接影響し、目標達成の困難度にも変化を生じさせる。目標管理制度を適用する制度、手続きを精緻に行えば行うだけ、低い評価しか受けられなかった人の不満を高めてしまう可能性もなしとはしない。単なる資格取得のような目標なら制度として簡単だが、自己責任ではない枠組みの変化の中で、一部分だけ自己責任と突き放すのは合理的でなく納得が得られない。

自己申告制度、キャリアプランの仕組みが話題提供といったレベルを超えて、本当の意味で人材の活用という人事処遇制度の中で生きてくるためには、目標達成プロセスの分析が欠かせない。さらに、成果とは何かという根源的な問いかけに、全社員がほぼ近い答えが出せるような、高いレベルでの組織文化の中で誠実な価値観合わせを、組織全員で継続的に進めていくことでしか個人の発展を目指すＭＢＯの成功は覚束ないと思う。

最悪の方法は制度だけ導入し、年に二、三度、机の引き出しから取り出すという形だけのＭ

BOで、これでは考え方といい理解の仕方といい、モラールと時間とコストの三つのカテゴリーで過去の遺産を食いつぶすことになりかねない。組織は慣性を持つので、プラスにもマイナスにも作用する。好況時にはプラスに働くことが多いが、不況時は問題が頻発することになる。業績が低迷するにつれて、ますます内部志向が強くなり、連帯意識も働いて会議の回数も増え、マイナスの慣性の虜から逃れることができなくなる。

一般的に言えば、こういう状態の組織は本質論より感情論に傾きやすく、口は災いのもととなり軌道修正を求める意見と批判の区別がつきにくく、内容を吟味する前に叩かれてしまう。諦観と保身のサイレント組が大勢になるのは防ぎ難く、ひたすら嵐の過ぎ去るのを首をすくめて待つことになる。こんな状態でも組織が維持できたのは、経済の循環回復説を深い理由もなく信頼させるに足る、過去の幸運の原体験を皆が持っていたことが大きい。根本的な行動の変革は何も行っていないので、業績が悪化すると再び元の状態に戻ってしまうことが多い。上から順に結果責任が取れる健全な組織もあるにはあるが、少数派であろう。

時流が変わることをひたすら待つ能力は日本人独特の優れた資質かどうか、四方を海に囲まれ自然の浄化作用が身に付き、川に流せば綺麗になると信じる国民性の故なのか、マイナスの慣性をプラスに転じるためのトリガーを見落としてしまう。異論のメリットは、異なる視点、別なる価値観の者がフランクに話し合うことにより、お互いの視点、認識の程度、問題の整理の仕方、目指す方向、そのための手順についてメンバー間の理解を進め収斂することにある。これによって新しい価値、情報の共有化、一体感が芽生えてくるのだが、争いを表面化させず、その実、利害が一致していない故に誤った個人主義に陥りやすい。この点は、目標管理の都度指摘される嵌まりやすい欠点と相通じる。

上位方針をブレイクダウンするプロセスで意見の肯定、否定に、感情が先に出るため、話し合いが拗れてしまい、不愉快な気分になってしまうことが少なくない。自ら信ずる点を述べることに遠慮はいらないが、大方針を受けて目標の細分化を行うためには組織の慣性をプラスに機能させることが一番だ。

ＴＱＭと組織開発

安かろう悪かろうと揶揄され、故障と隣り合わせであった昭和二十年代後半のメイドインジャパンの品質が飛躍的に向上した理由の一つは、ＴＱＣ活動の成果でもあったと言われている。品質のバラツキが多かった現場で、日本人の持つ工夫の巧みさと器用さだけが頼りの時期に、データをベースに皆で力を合わせながらの科学的改善、改革運動は、まもなく始まる大量生産時代の要請と相俟って一大発展を遂げることができた。

職制を離れて、働く者同士が自分たちの職場の問題解決に向けて自発的に取り組む共同助け合い方式は、共同体という無言のプレッシャーはあったにしても、日本人には極めて適した手法であったと思う。自らのアイディアにより、自分も助かり仲間も楽になり、結果として全体に資するということに繋がれば、本人にとっても最高の喜びであっただろう。そのことは、同時進行的に制度自身の矛盾も積み重ねることとなるのだが、職場への導入が義務づけられると効果度を高めるためTQCの手法が段々と精緻化され型式が優先されたり、データの収集、分析に多くの時間を要し現場では負担になること、結果と原因の一貫性不足に伴う対策の内容に相応しない効果の誇大宣伝現象、更には無償の時間外勤務への抵抗、改善の限界というより発想の一八〇度異なる課題達成型ニーズの高まり、スタッフ部門の取り組み不足などがあって長く大きな混迷期を迎えることになる。

職場に生活のリズムを置く者から見ると、職場内の問題を口にし、テーマに掲げることは大変なエネルギーを必要とすることが多い。いつの時代、どんな職場でも改善、改革のためには問題の分析が必要で、そのためにはある種の現状否定を伴うことが避けられない。仲良くを旨とすることから考えると、気苦労に比例して見返りの少ないことに敢えて取り組もうという意欲が持続しなくなるのも肯ける。TQC活動の初期の活発さと成長拡大期の停滞を分けるものは、全社員の持つ組織の危機感でしかないが、明日も安泰と思えばリスクを冒すことはしないし、危ないと思えば、取り組む以外に生き残る方法はないと覚悟を決めるものだ。

更に、個人能力主義が陥りやすい部分の、自分の担当領域以外のことに神経を使いたくないという気持ちも阻害要因として働いてしまう。今後は、組織横断的なPJ方式で利益増大、売上拡大、コスト削減、不良率減少といった直接的な課題を数値目標に掲げ、中核要因の根本的な解決を図るような活動によりシフトするほうが一層活性化できると思う。このプロセスに成功するためには、一定期間の社員全体への啓蒙活動と、敢えて自社流の考え方、経験の累積が不可欠だと思う。他所がやっているから方式の導入は、推進担当部門を疲弊させるだけでなく、肝心なときに新鮮さをなくす副作用が残ってしまう。

その意味では、組織変革への取り組みは企業内教育のテーマとして重要な一つと言える。一部門、一グループの全員をひとまとめとして行う研修の方式が有効となる。部門長、グループリーダーが日頃の指導方法に拘泥せず、どれだけ白紙で組織変革に取り組むかが成否の決め手になる。この改革のプロセスを現場に向けて指示するのでなく、人材開発スタッフが共に汗をかくことが理想と言える。まさしく、競合他社をはじめ、海外を含めた多くの事例をベンチマークし、自社の最適モデルを生みだし全員に指導しながら、変化のプロセスに情熱を持てる人が真のスタッフなのではないかと、常に思う。

現場の嫌う形式過多を排除し、かといって行き当たりバッタリにならず、様子見でなく、先々イメージできる能力が磨け、最初から良くできる人にもまして、最初はダメでも成長が実感できる人に関心が注げる資質、その気にさせる能力を持った人がスタッフには相応しい。なまじ、人より早く身に付けたことで社員をリードするのでなく、問題改善に対する意欲、目立たず、諦めず、人を愛することで人を惹きつけることができるスタッフであって欲しい。組織の効率化、省略化は避けて通れないが、そのことで現場のケイパビリティの低下が許されるわけではない。この点の解決策としても組織変革の取り組みは極めて有効な方法だ。

組織の改革を目指す場合、内部の人間では無理という意見もあるが、そのことの是非は別にして、内部の人間が外部に出て、元に所属していた組織の改革を志向することの成功率は一段と低くなることも多い。いかなる人物でも、一旦、組織を離れるとその影響力は落ちるのが実態だ。

最初に改革の必要性を発想するのはいつの時代も個人だが、それを全体の力に変えていくプロセスが最も困難でコアの部分になる。ゴールから見て、現実を分析し参画を促すプロセスは全員参加がベストだ。日本人の持つ精神構造が二重にも三重にもプラスに働き、期待以上の成果に結びつくこともある。仲の良さが、良い結果を約束するのでなく、良い結果が出るからチームプレイができることも考えられる。リーダーは良い結果を出すことが責任の第一なので、皆協力して仲良くやろうと訴えるのではなく、良い結果が何よりも接着材であることを訴えなければ意味がない。それもまた組織変革の楽しみである。エキサイティングな職場とは、自然体の振りをしてリーダーとメンバーが常にそのことの目配りを怠らない、あたかも甲子園の常連校の監督がいる所謂、伝統校にその原型は酷似していると思う。

2. 上司の立場

縦社会を知る

長い間、特に日本では、身内意識を好む傾向が強かったこともあり、親会社、取引銀行からの派遣と官公庁出身者の天下りを除くと、役員昇格は従業員からの内部昇格が主なるものであり続けた。昇格するということは、その企業の過去から現代に至る評価のシステムで好ましい評価を重ねてきたことを意味するが、自分を引き立ててくれた人に好感情を持ち続けることは人の心情として自然なものであろう。更に過去に果たした成功体験を体の芯まで背負っていることは否定できない。年を重ねれば、過去の良き記憶に拘泥するのも常なる人間の性癖なので、時代の変化と人前では言うものの、体の中は昔のままというのも肯定できないことではない。

この人たちは自分がなぜ選ばれたのかよく分かっているので、全体よりも、選んでくれたトップに尽くすことを優先する傾向が強い。トップが自身の力量を超えることを期待して選ぶことは多くないということも指摘できる。役員会で、忖度に神経を使うだけの貢献では積み荷を重くするだけのことと思うが、反論の少ない分トップから見ると、ある意味では効果効率的に施策を実行することができるメリットはある。しかし、このことはトップを除いて、全員が内向きの発想に取りつかれるデメリットを併せ持つことになる。カリスマリーダーであればカリスマを維持するに必要な業績に陰りが見えたときに、組織のしなりが働かず一気にダウンターンを転げ落ちる脆弱性を常に持たざるを得ない。

二〇〇〇年の夏期に発生した大手飲料会社の食中毒事件は、その当時、サンフランシスコで研修中だったので詳細を承知しているわけでないが、日本系メディアのホームページで事件の大要は窺い知ることはできた。後程、判明したことだが、事件の第一報を受けても事故の責任は事業統括の担当役員にあって自分にはないと判断したかどうか、ススキノでの飲食を予定どおり続けていたトップが報じられたが、良い結果は自分の成果、悪い結果は担当の責任と都合の良い割り切りができる資質の持ち主であったのだろうか。本来的に組織のトップまで昇進したほどの人なら、誰もが持って然るべき、自社商品のユーザーに対する広範な責任感、覚悟が大幅に欠落しているのはどうしたことか。そういう都合の良い性格の故に社内人脈の中で栄進を重ねたわけではあるまいに。

側近に囲まれ、究極の責任者であることの判断力さえ消え失せたトップの老醜の姿とは決して思いたくない。リーダーの果たすべき成果の対象は、顧客、従業員、投資家に向けたアウトプットだけでなく、自社の関係者が然るべき倫理観を持って仕事を行うことを優先する考え方を植えつけ、そのことに誇りを持つ社員を育てることが第一にあるのではないか。

上司との向き合い方

人は誰しも自分のやり方、考え方を貫こうとするときの不安はあるにしても、ある種の充実感から気持ちの高揚を感じると思う。そのこと自体は意欲に満ちた行動で、むしろ目指すべきことだと思う。一方、リーダーとしてつまらぬ意地で自分のやり方を強制したり、自分とは異なるアプローチをするメンバーを排斥するのは明らかに行きすぎで、リーダー像を取り違えていると思われる。最高、最大のリーダーの機能は結果を出すことにつきると言ってよいが、結果を出すことを正面から見据えたとき、いくつかの資質とスキルが浮かび上がる。

重要なことは、目標を方向づけ、勇気づけることによってメンバーの能力を最大限引き出しながら、実際の業務は担当できなくともそれぞれのタスクの成否を決める中核的な要因を押さえることができることだ。これが分からないと部下の指導、監督ができず、リーダーの職責放棄に繋がる。目標の達成を朝礼で連呼するだけで、実行するのはお前たちの責任と言って、マイナスのフィードバックを繰り返す実力のない虎の威のリーダーが過去には多くいた。今は、号令だけで結果が出せるほど、解決すべき課題が簡単でなくなってきている。生活を維持するための糧の確保に追われた時代は、直接的、実質的な共同体であったのだろうが、仕事に生きがいを求める要素の高い今風はリーダーがクリアすべき要件は格段に広く高いはずだ。

組織社会での悩みの一つは、任命されたポストを笠に着て、威張ることが体の芯まで染みついた人を上司に持ったときであろう。意外にこの対処は簡単でないが、本人に自覚がないと改善されることは望み薄なので、自分の意思で相手に合わせるしかない。環境を常に選ぶことはできないが大事なことは、そのときの状況の中で追い込まれるのでなく、前向きにものを考えることができるかどうかが、二人の関係を決めてしまうことになる。相手に取り入るタイプの人はそれで良いが、そうでなければ、精神的な疲弊を避ける意味で主体的であることが格段に良い結果をもたらす。後は自分の意思で補佐役を務める心意気があれば申し分ない。唯一、気をつけなければならないのは、相手が最も自信を持っている部分では競争してはいけないことだろう。この行いは、虎の尾を踏むのたとえどおり二人の関係を一気に悪化させる。このことは、上司に対する人間の礼節と考えればよい。

ビューロクラシーの自戒

米国研修中に、ＮＰＯの活動について簡単なリポートを提出する課題があって、さる団体の広報責任者に電話でインタビューをしたことがあった。アウトラインを押さえるため予定していた質問内容の、事業の目的、活動の範囲、組織の編成、最近の印象に残る活動例と順に質問を終えた後、非常に好意的に答えてくれたこともあって、あなたの組織にとって最大の問題は何かと、咄嗟に予定外のことを質したとき、彼女が最初に言ったことはオーバービューロクラテイックという言葉であった。会議の多さと手続きのための書類作成に追われることのマイナス点を簡明に教えてくれたが、組織が本来の目的を離れ組織自体の保存に、つまり、メンバー自身の保身に傾斜したときに形式主義が生き返り増殖に向けて生命力を蓄える。

手続きに精通する人にとっては、一層複雑化しないと、そうでない人との比較で有利さを維持できないという理由は分かるにしても、真の顧客サービス、効率の実現に汗を流すよりは規則という型のあるものに判断の基準を預ける作業は、無から有を創造する世界よりは数百倍楽に違いない。ラインよりはスタッフ、企画、経理、総務部門のようなアウトプットの測定が難しい部門のリーダーがこの果実の魅力に取りつかれると、メンバーは会議の資料作りと、元々の目的を忘れた、自己の立場を守るための議論と異論が表面に出ないことを良しとする会議進行のための根回しに、多くの時間をとられることになる。パソコンの実演のようなプレゼンテーションが、レッドカーペットで豪華な椅子の会議室で行われだすと、参加できる人たちのステータスを操る快感が、本来求められている厳しい現実を退けてしまうことも多いように思う。

時間生産性が話題性を持っていた時期は、三〇分会議、長くても六〇分、時には座ると必要以上に長くなるので立ったままの会議スタイルを取り入れる企業もあったが、本質的な議論を経て導入されたのでなく流行の中で実施したにすぎないので、いつの間にか元に戻ってしまった。e−メールを導入してもトータルな書類作成時間を縮小することに繋がらず、真のアウトプットを出さないでパソコンで時間をつぶす人を増加させ、増大し続ける別のコミュニケーションの必要性と、それに伴うコストの負担を新たなるマネジメントの課題として投げかけている。このことの解決は自己充実の意欲と個人の自戒の強さしかないのではないだろうか。

規範の強さ

変革に憧れる国民は日本と米国だけかどうか実態は不明だが、変革を叫ぶ人と変革に違和感を持たず参加する人の数は、両国とも世界屈指に相違ないと思う。守旧が悪で、変えることを正とする考えは、そうでなければ生存できないとする説得で正当化されている。目標に向けた追いつき追い越せイズムは得意だが、追い越した途端に目標が消滅してしまい、新しい価値であるはずの変革の後の姿を議論せず、現状の問題点をただ単に改めるというだけで多くの賛成が得られることと共通しているのかどうか。

昨今、変革を標榜しない企業は皆無だが、財務的な目標達成のためだけの便利な言葉としてのイメージが強いのは残念である。施策では表現できない社風の改革は、長年にわたり蓄積された特徴たる組織風土を踏まえたうえで、次の経営目標をクリアするために何が足らないのかを全員が明確に認知することから始める必要があると思う。

地球時間で動くグローバルなビジネス環境ではスピーディは当然だが、意見決定の早さを競うだけでなく、巧遅の価値もワールドワイドで故なしとしないと思えてならない。企業が大切にしたいものを時間をかけても追い求める姿勢は、そこに所属する人を勇気づけるに違いない。変革を無思考に受け入れて、社風変革のポスターを貼ればマネジメントの刷新を行っていると思うのでなく、目指すべきものの目標の姿が認識されないと実効化しないことを考えておく必要がある。ニューベンチャーならともかく、むしろ、今日迄その会社が育ててきた社風をベースに組織カルチャーを吟味し、今日の競争社会で強味となる部分を抽出し、その部分を生かしながら徹底したコストマネジメントを行い、自社らしさのビジネスを行うことのほうが勝ち方のモデルを構築しやすいはずだ。横並びで変革の題目を掲げる企業は、共通して、インテリジェンスに欠けている思いがする。

組織風土はそこに属する人の核規範を決めてしまう。風土の表面上の形成者は、高い評価を得ていると自覚している人になるが、この人たちが行う言動を是認するのは最終的にトップになる。業績の改善、拡大のため強固な布陣をすることになるが、トップマネジメント層を作り集団型式マネジメントの形は整えるものの、このメンバーを選んでいるのはたった一人のトップなので、自分の好むスタイルの同好の士になってしまい、実質一人か、さもなくば小派閥型スタイルのいずれかになるようだ。業績の回復を施策でなく、人の異動により解決しようとする人が余りにも多いことも理由だが、人事権を生命線とするトップが今も多いことが事態を難しくしている。

結果責任の取り方は、その人の人間性の問題で第三者は介入しづらいが、業績悪化を理由として長年その会社で働いてきた社員を本人の意思に反してレイオフの実施を決意するのであれば、それだけ大きな責任を持つ責任者として、オーナー型の中小企業の経営者は別として、自己の減俸と退任時期をワンセットで決意するくらいの責任の取り方は人としての最低限の品格と思う。ただ、即退社が必ずしも望ましくない状況も多々あるので公表はせずとも、減量の功労に甘えることなく、自らの意識として退社する決意なくしてかけがえのない社員の人生を変えてしまったトップたる人の基本、資格が欠落していると言われても仕方がないのではないか。

自覚の生まれない人のためには、風土とも言うべき社内の不文律での処遇が可能となるレベルまで、社風の中核質を引き上げておくことが必要になる。

3. 自律のすすめ

仕事との付き合い方

仕事が嫌いになると人生は苦しいと思う。仕事の内容が自分の希望に合わないということも社会人になった当初はあるかも知れないので、転職も大事な行動になる場合がある。現在の日本の状況でも三十五歳くらいまでは多分、転職の成功率は低くないと思われる。世の中には、経営する人を除いて社会的に意味のない職種の求人もあるので、反社会性に気づいたら退職することを恐れてはならない。そうでなく、単に自分の好み、性格が理由なら、会社生活のカレンダーが理解できる決算を二、三度迎えることのできる二、三年ぐらいが、転職を決断するための期間としては望ましいのではないだろうか。

各種リポートによると、離職の最大の理由はそれほど複雑でなく、上司との関係、職場の雰囲気といったものに起因していることが分かる。変わりつつあるとは言え、共同体のような集団の中で職場の人間関係作りに失敗すると、サラリーマンは非常に厳しい場面に立たされる。これは勤めた経験のある社会人なら誰しも容易に理解できるはずだ。中規模以上の会社であれば、一応は三年で、自分か上司のどちらかが異動する確率が高いので何事も経験と思い、仕事の精通に全力を傾注することが最高の処し方だと思う。中小規模の場合は、そういう条件がないので対応方法は異なるが、共通することは気の合う仲間を見つけることが治療薬になることも多い。職場の全員と性格が合わないということであれば、本人としても努力の余地が残る。

組織は概ねインフォーマルなネットワークがあるので、この人たちの関係が分からない間はオフタイムでも不注意な話をすることは避けたほうがよい。翌朝には上司に筒抜けということも考えておかなければならない。仲良くが基本なのだが、当初は配属された職場の中で、自分のポジションを見つけることが大切ではないだろうか。そのための工夫としては、自分がどうありたいかという目標の継続と職場の観察の二本立てを信条として、職場のリーダー、先輩、同僚の良いところだけを学ぶ態度が必要になる。それでうまく行かない職場はそれほど多くはあるまい。

仕事を経ずして、スキルアップすることは空想に近いことなので、働く意欲をなくすと自己の成長を捨てることと同義語になり、極めて危険な状態になると認識しておく必要がある。他を楽しむため、生活費を稼ぐ仕事はガマンをするという考え方もあるが、仕事に情熱を燃やすことによって得られる充実感は、時間の価値を増殖させ、人生の醍醐味を味わせてくれると言ってよい。この楽しみをみすみす捨てる理由など誰にもありはしない。逃げれば追いかけられるだけのことで、逃げずに立ち向かうことによって見つけることのできる楽しみのほうが汗を流した分、味覚が優れるものだ。

上司運を良くせよ

バブル期の最盛時は、中堅企業でも数百人単位、大手企業では一〇〇〇人を超える定期採用が珍しくなかった。これだけの採用数になると、配属先により、その後の会社生活に本人の能力、努力を超えた格差が生じることは避けられないのではないか。最近の終身雇用に対する期待度の低さは、段々と労使に共通してきたようだが、それでも社会人としてのスタートを切った最初の配属先が、その後の人生に与える影響の大きさは計り知れないものと後で分かる。

四桁の同期生から順調に昇進を重ねた人の経歴は、概ね、二つに類型化することができる。配属先の上司群の知遇を得て引っ張り上げられるか、担当したビジネス分野が時流を得て、その会社の主流になることとの二つであろう。組織人としての成長は職場を除いて他にないことを考えれば、今後もこの傾向は変わらないと思うが、特に過去はそうだったに違いない。上司から得られる指導、支援がその後の会社生活に与える大きさは、そのときの本人の想像を超える。組織の階段をかけ登る人たちは、配属された職場に相性が良く、素晴らしい上司に巡り合った人が多い。逆に言えば、そうでなかった多くの人たちは次のチャンスまで待たなければならなかったわけで、このことのハンディは避ける方法がない。

ただ一度の人生を思うがままに自分を表現し、自分を育ててくれた社会に一人の人間として、最高の役割を演じたいと思いながらも、年月の惰性の中で組織に安住してしまう生き方になってしまうのだが、住み続けるためには内包するいくつかの相克を解決することが求められる。それなりの自由度はあるにしても、その自由とは、単身赴任をせざるを得ないような異動を含めた人事案件の全てを、自分の生活を決める最も基本的な部分でありながら自分で決められず、組織の合理という他人の判断に依ることによってのみ保証されているのではないか。自己申告、目標管理制度など種々の前向きな制度も導入されてはいるが、本質的には他人が決定するという仕組みに変わりはない。

組織人が最大のエネルギーを注ぐ場所、それが職場だが、部門の代表者たる上司との関係が会社員生活の幸不幸を決める大きなファクターであることは間違いない。上司は部下の配属については相当程度の裁量権を持つのが普通だが、部下は自分の上司を選ぶことはできない。これほどの重要度でありながら、問題が顕在化しないのは、将来の不確実性に落差がなく、結果として対応性が高いことと個人の自立意識よりも就社意識の強さと、諦観が入り混じった複合効果によるのであろう。とは言え、明確に、上司に恵まれないときの身の処し方はどうすればよいのか考えておくことも無駄ではあるまい。少し前までは、三年辛抱すれば自分が異動するか上司が移動するとよく言われていたが、そういうことでなく、どんな上司でも徹底的に補佐するということを強く勧めたい。補佐する範囲が広ければ広いだけ、学ぶことは大きい。大事なことは、与えられた環境をプラスに転じる考え方が自分を鍛え視野を広くし、転機となって、今迄見えなかったものを見させてくれる。つまり周囲の景色が変わり、無為と思えた時間が輝き始めると言ってよいはずだ。

良識の強さ

個人が活躍できる組織、組織目的実現のための個人、両方の機能がバランスよく発揮されていることがベストだと誰しも思うが、人が決めている以上、時としては明らかに不条理な事態も発生し得ると思う。正常に機能しているときは、素晴らしく立派に見える組織の型も、一皮むけば、一人の人間が頼りにするには余りにも実体がない姿となる。階層、部門が多岐にわたると関係者の数も多く、トップの気ままな人事を抑制できる内部システムが働くように錯角するが、所詮は組織人として自分の計算が先に立つことは否めない。

私の経験でも、住居変更を伴う異動発令は三週間前という人事内規を無視した赴任まで中一日という異動を経験したことがあるが、そのこと自体よりもなぜそういうことが起こるのかという点について、問い質す手段がないことが多い。怒り心頭の気持ちも訴える相手が難しい。

結局、私の考えたことは、この不本意な人事異動をプラスに活用することだった。当時、既に単身赴任を続け、体調も今ひとつすぐれないこともあり、これを良い機会として心機一転、できる限り早寝早起きの規則正しい生活に切り替えることを決意した。早朝の時間帯は好きな読書時間の拡大に活用できたが、一人では勿体ないので社内の若手社員を対象に会議室を使いビジネス書の早朝読書会を開催した。迷惑をかけたかも知れないが、当時、話題になっているビジネス書をテキストに、皆でディスカッションする習慣が組織内に芽生えたことは嬉しかった。その後、本社勤務時にそのときのメンバーから時折、当時の思い出が聞けるのは予期せぬ楽しみを提供してくれた。私の場合、この時期がサラリーマンとして正念場であった気がする。この後、さらに三年半の単身赴任を続けた後、本社勤務となるが、その後は上司運にも恵まれ充実した会社生活を過ごすことができた。

各組織のリーダーを自認しても、抗し難い大きな動きに放り込まれるときがあると思うが、視野を広くし、〝陽はまた登る〟の精神で、与えられた環境の中にプラスの要素を探し、次のチャンスに備えるという考えも悪くないのではないかと思う。好調時が長ければそれに越したことはないが、自分の意のとおりになることではない。

人生の襞かどうか、苦しいときもあるが、絶対に避けなければならないことは被害者意識に取り囲まれてしまうことである。この考え方は、良識の全てを疫病化する。ここで戦えるものを持っているかどうかが、その人のその後を決めてしまう思いがする。

自らを頼れよ

万事休すという事態はそう度々あるものではないと思うが、私の場合は前にも少し書いた、意味ある何の説明もなく異動の発令を受けたときは大変なピンチであったと今でも思う。怒り心頭の心境であったが、退職という選択肢は家族の生活を考えると取りようがなかったし、余りにも短絡的な発想に思えた。権力を持つ人の無慈悲な行為に、罪なき者が一方的に生活のリズムを破綻させられる不合理を甘受するものかという気持ちもあった。赴任のために前泊したホテルから元の部下に連絡を取り、支店の実情を聞いてみたが、拠点幹部の内輪もめの実体は当事者が感じるほど意味のあるものでなく低俗とさえ受け取れたが、当事者が切実なだけに後戻りできない拗れ方をしている印象が強かった。明確なミッションの指示もないまま、今後のマネジメントの難しさをあれこれ考えていたが、単騎で戦場の思いに違いはなかった。

人は絶対のピンチに立ったとき、何を思いどのように克服するのであろうか。技量の接近したプロスポーツ選手であれば自らに課した練習の質量、あるいは過去の今に向けて費やした研鑽の日々を信じ、また無念無想でゲームをするのであろう。全力の限りを尽くしても、なお果たせぬ涙は美しいが、よくある場の雰囲気だけの見せかけの涙は滑稽さを通り越して見苦しいものだ。

泣く権利は、そのことに相応しい努力をした者にのみ与えられるのではないかと、いつも思う。高校球児の例では、彼等が好きな言葉として掲げた「努力」「一生懸命」「執念」の言葉は表面的な月並みさを通り越して十七、十八歳の少年が持つ、一途な気持ちが窺い知れる時のみ正視に耐えるものになる。中途半端な気持ちと練習で全国レベルが狙えるわけではなく、限られた時間の中で、あらん限りの努力を続けてきたに違いない者が、その結果として、「敗者」になり得ることができる。栄光が保証される勝者が望ましいのは勿論だが、敗者もまた資格がいる。

私の場合は、勢力争いのどちらに与することなく誠実に自己の考えを貫き、時が来る迄あせらず努力することを誓うしかなかった。先のことを予想するには、あまりにも情報が錯綜していた。数年を経れば、勝者敗者の区別はなくなり、同じ時代を生きたということでしかないのだが。自らの矜持を信じフェアに全力でぶつかることでしか、自分にとって価値あるものは何も生まれはしないと言ってよいだろう。

参考文献

司馬遼太郎　『明治という国家』　NHK出版
岸根卓郎　『文明論』　東洋経済新報社
下村澄　『人間の品格』　大和出版
L. トレーシー　廣井孝訳　『組織行動論』　同文館
堺屋太一　『組織の盛衰』　PHP研究所
P・ハーシー他　山本成二他訳　『行動科学の展開』　生産性出版
伊藤順康　『自己変革の心理学』　講談社現代新書
熊沢誠　『能力主義と企業社会』　岩波新書
佐久間陽一郎編　『取締役革命』　ダイヤモンド社
野中郁次郎　『知識創造の経営』　日本経済新聞社
L. C. Thurow『Building Wealth』haper c. publisher
D. Ulrich他『Results-based leadership』harvard b.s. press
L. C. サロー　『資本主義の未来』　TBSブリタニカ社
N. M. ティシー　一條和生訳　『リーダーシップエンジン』　東洋経済新報社
飯久保廣嗣　『問題解決の思考技術』　日本経済新聞社
ダイヤモンド・ハーバード・ビジネス編集部編　『顧客価値創造のマーケティング戦略』　ダイヤモンド社
高橋俊介　『成果主義』　東洋経済新報社
P. F. ドラッカー　上田惇生訳　『明日を支配するもの』　ダイヤモンド社
米長邦雄　『運を育てる』　クレスト社
「HR magazine」(Jan.,oct. 2001) the Society for Human Resource Management

著者プロフィール

奥村 猛（おくむら たけし）

1941年京都市生まれ、64年関西大学卒。

ITソリューションプロバイダー入社。ブランチマネージャー、営業企画本部販売網グループ長、教育研修部長歴任。教育体系の構築、セールス、マネージャー向けトレーニングプログラムの開発、TQMの指導に携わる。研修、講演多数。

現在、ウキョーコンサルティングコム代表。

営業力強化、組織開発、人材教育分野で活躍中。


著者連絡先（t.o-1008@sage.ocn.ne.jp）

遥かなる日本人の習い

2002年6月15日　初版第1刷発行

著　者　奥村 猛
発行者　瓜谷 綱延
発行所　株式会社 文芸社
〒160-0022 東京都新宿区新宿1-10-1
電話 03-5369-3060（編集）
03-5369-2299（販売）
振替 00190-8-728265

印刷所　図書印刷株式会社

ISBN4-8355-4056-5　C0095